できたよ★シート

名前

べんきょうが おわった ページの ばんごうに
「できたよシール」を はろう!

1 2 3 4 5

\かくにんテスト/

10 9 8 7 6

その ちょうし!

11 12 13 14 15

\かくにんテスト/

20 19 18 17 16

\かくにんテスト/

21 22 23 24 25 26

31 30 29 28 27

\かくにんテスト/ \かくにんテスト/

32 33 34 35 36 37

\まとめテスト/ \まとめテスト/

41 38

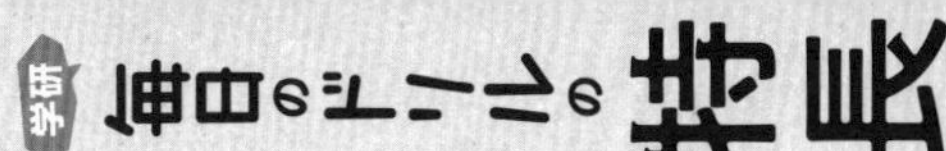

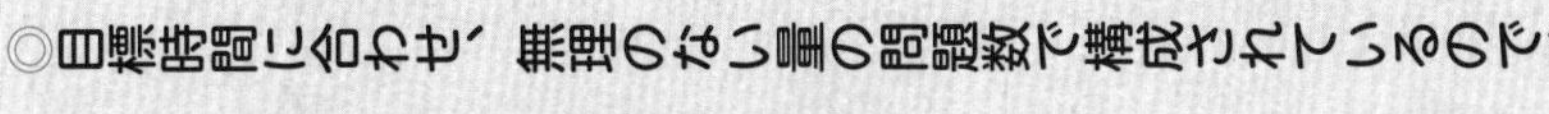

◎目標時間に合わせ，無理のない量の問題数で構成されているので，「1日1枚」やりきることができます。

◎解説が丁寧なので，まだ学校で習っていない内容でも勉強を進めることができます。

すべての学習の土台となる「基礎力」が身につく！

◎スモールステップで構成され，1冊の中でも繰り返し練習していくので，確実に「基礎力」を身につけることができます。「基礎」が身につくことで，発展的な内容に進むことができるのです。

◎教科書の学習ポイントをおさえられ，言葉の力や表現力も身につけられます。

勉強管理アプリの活用で，楽しく勉強できる！

◎設定した勉強時間にアラームが鳴るので，学習習慣がしっかり身につきます。

◎時間や点数などを登録していくと，成績がグラフ化されたり，賞状をもらえたりするので，達成感を得られます。

◎勉強をがんばると，キャラクターとコミュニケーションを取ることができるので，日々のモチベーションが上がります。

学研 毎日のドリルの使い方

1 1日1枚、集中して解きましょう。

◎**1回分は、1枚（表と裏）です。**

1枚ずつはがして使うこともできます。

◎**目標時間を意識して解きましょう。**

アプリのストップウォッチなどで、かかった時間を計るとよいでしょう。

・「かくにんテスト」　ここまでの内容が身についたかを確認しましょう。

・「まとめテスト」　最後に、この本の内容を総復習しましょう。

書く力　文を書くときに役立つ表現力がつく問題です。

2 おうちの方に、答え合わせをしてもらいましょう。

・本の最後に、「答えとアドバイス」があります。

・答え合わせをして、点数をつけてもらいましょう。

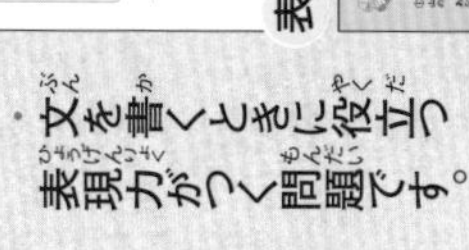

3 「できたよシート」に、「できたよシール」をはりましょう。

・勉強した回の番号に、好きなシールをはりましょう。

4 アプリに得点を登録しましょう。

・アプリに得点を登録すると、成績がグラフ化されます。

・勉強すると、キャラクターが育ちます。

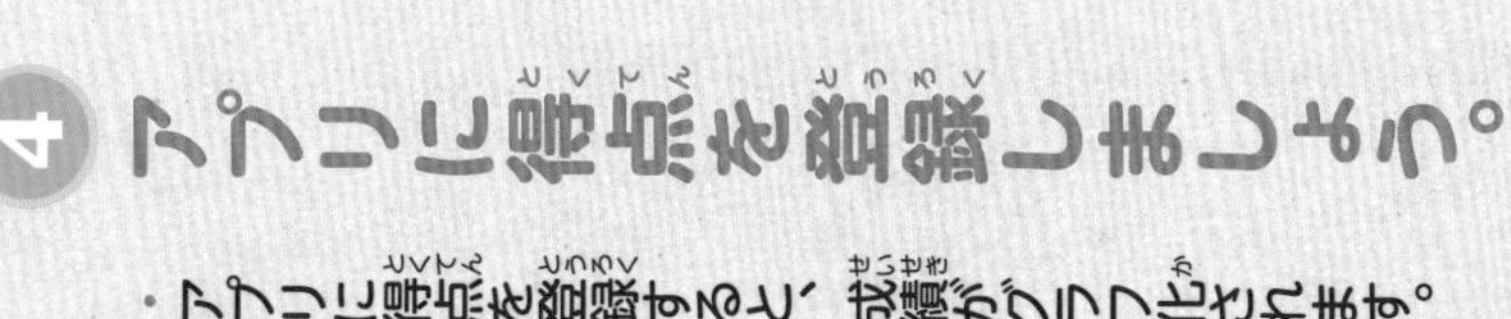

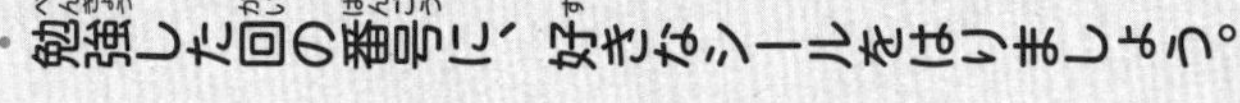

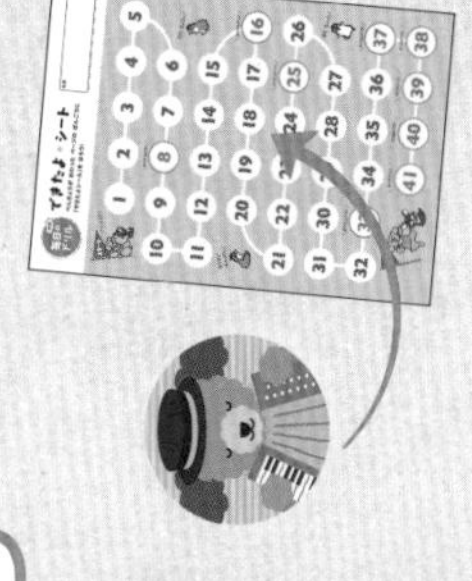

無料
ダウンロード
毎日のドリル
勉強管理アプリ
アプリといっしょだと，ドリルが楽しく進む!?
コンコン
ぼくのへや
今日の分の毎ドリ終わった?
今やってるところー
うそはいけないっきゅ!
わ!?
だれ!?どこから来たの!?
キミの毎ドリが進むようにすばらしいものを持ってきたっきゅ
なになに?
とりあえずやってみるっきゅ
ストップウォッチスタート!!
おっ!
0分21秒
目標：15分00秒
時間をはかってくれるんだ!
よーしっ!!
できたーーっ!!
いつもよりどんどん解けた気がする!
時間を意識してるから集中できるんだっきゅ!
さらに!
得点をアプリに入力するとグラフになるんだ!
すっげー!!
この「1」ってなんだろ?
タッチしてみるっきゅ
ポン
一回終わるごとにぼくがエサを食べられるんだっきゅ
ドリルを進めるとかっこいいわざをおぼえたりすてきな部屋が手に入ったりするよ
よーしっ
あしたもがんばるぞ!
二か月後
よっしゃー!
ドリルが終わったぞ!
一冊やりきったら賞状とメダルがもらえたよ!
賞状 ぼくどの
あなたは、3年「かけ算」をしゅうりょうしましたので、ここにこれをしょうします。たいへん、すばらしいです!
次はどのドリルに挑戦しようかな!

毎日のドリル 勉強管理アプリ

「毎日のドリル」シリーズ専用，スマートフォン・タブレットで使える無料アプリです。
1つのアプリでシリーズすべてを管理でき，学習習慣が楽しく身につきます。

1 「毎日のドリル」の学習を徹底サポート！

毎日の勉強タイムをお知らせする「タイマー」

かかった時間を計る「ストップウォッチ」

勉強した日を記録する「カレンダー」

入力した得点を「グラフ化」

2 キャラクターと楽しく学べる！

好きなキャラクターを選ぶことができます。勉強をがんばるとキャラクターが育ち，「ひみつ」や「ワザ」が増えます。

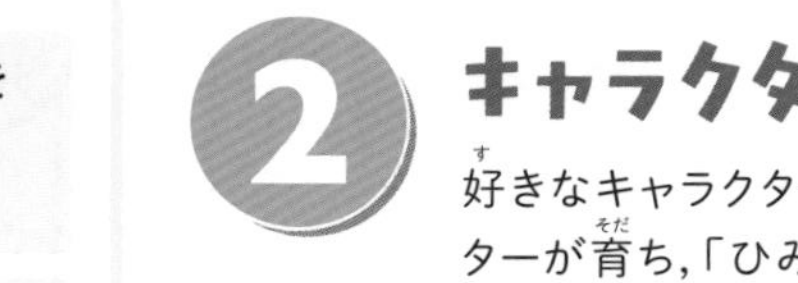

3 1冊終わると，ごほうびがもらえる！

ドリルが1冊終わるごとに，賞状やメダル，称号がもらえます。

これは やる気が でるっきゅ！

4 漢字と英単語のゲームにチャレンジ！

ゲームで，どこでも手軽に，楽しく勉強できます。漢字は学年別，英単語はレベル別に構成されており，ドリルで勉強した内容の確認にもなります。

アプリの無料ダウンロードはこちらから！

https://gakken-ep.jp/extra/maidori/

【推奨環境】
■ 各種Android端末：対応OS Android6.0以上　※対応OSであっても，Intel CPU（x86 Atom）搭載の端末では正しく動作しない場合があります。
■ 各種iOS（iPadOS）端末：対応OS iOS10以上　※対応OS や対応機種については，各ストアでご確認ください。
※お客様のネット環境および携帯端末によりアプリをご利用できない場合，当社は責任を負いかねます。
また，事前の予告なく，サービスの提供を中止する場合があります。ご理解，ご了承いただきますよう，お願いいたします。

1 「だれが　どう　する」を　読みとろう①

もくひょう 10分　月　日　とく点　点

1 つぎの　文を　読んで、もんだいに　答えましょう。【10点】

きつねの　子が、小さな　かなづちを　ひろいました。

◎ だれが、かなづちを　ひろいましたか。

（　　　　）

「だれが」を　あらわす　ことばを　さがそう。

2 つぎの　文しょうを　読んで、もんだいに　答えましょう。一つ15点【30点】

きつねの　子は、くるみの　木の　下で　りすに　会いました。
りすは、ひろった　くるみが　かたくて、こまって　いました。
「ぼくに　まかせて。」
きつねの　子は、くるみを、かなづちで　カチンと　わりました。

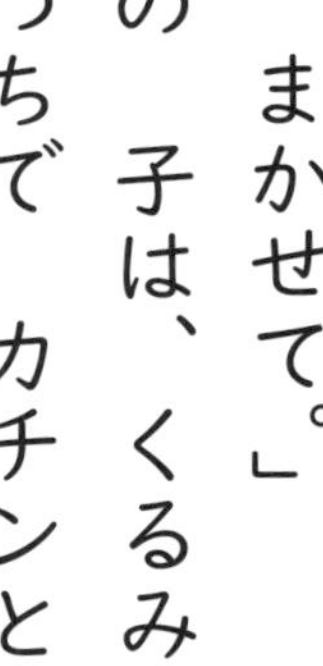

① きつねの　子は、くるみの　木の　下で　だれに　会いましたか。

・（　　　　）に　会いました。

② きつねの　子は、かなづちで　何を　わりましたか。

（　　　　）

「カチンと」　わった　ものだよ。

3 つぎの 文を 読んで、もんだいに 答えましょう。【15点】

くるみを わった あと、
きつねの 子は、
かなづちを
池に おとして
しまいました。

◎ きつねの 子は、何を 池に おとしましたか。

（　　　　　）

4 つぎの 文しょうを 読んで、もんだいに 答えましょう。一つ15点【45点】

せっかく ひろった かなづちを なくして がっかりしたのは、きつねの 子です。

かわいそうに 思った りすは、自分の くるみを 分けて あげました。

くるみを もらった きつねの 子は、とても よろこびました。

① だれが、がっかりしましたか。

（　　　　　）

② りすは、何を どうしましたか。

（　　　　　）を（　　　　　）。

りすが、きつねの 子に して あげた ことだね。

クイズ

2で、かなづちで くるみを わったのは、だれかな？

① りす　② きつねの 子

答え ▶ 87ページ

2 「だれが　どう　する」を読みとろう②

もくひょう 10分　月　日　とく点　点

1 つぎの　文を　読んで、もんだいに　答えましょう。【10点】

ひろとさんと
たくやさんは、
紙ひこうきを
作りました。

◎ だれが、紙ひこうきを　作りましたか。

・ひろとさんと（　　　　）。

2 つぎの　文しょうを　読んで、もんだいに　答えましょう。一つ15点【30点】

二人で　公園に　行って、作った　紙ひこうきを　とばしました。

ひろとさんは、たくやさんより、遠くに　とばしました。

ひろとさんの　紙ひこうきは、公園の　外にまで　とんで　いきました。

① 二人は、公園に　行って、どう　しましたか。

［　　　　　　］

② どちらの　紙ひこうきが、遠くまで　とびましたか。

・（　　　　）の　紙ひこうき。

3 つぎの 文しょうを 読(よ)んで、もんだいに 答(こた)えましょう。【15点】

犬が やって きました。
そして、
ひろとさんの
紙(かみ)ひこうきを
くわえて、走(はし)っ
て いきました。

◎ 犬は、何(なに)を くわえて 走って いきましたか。

だれの 何を くわえたのかな。

4 つぎの 文しょうを 読んで、もんだいに 答えましょう。【一つ15点【45点】】

ひろとさんは、いそいで 犬を おいかけました。でも、おいつけません。
ひろとさん の あとを たくやさんが おいかけました。はしの 上まで きた とき、犬から 紙ひこうきを とりもどした ひろとさんに 会(あ)いました。

① ひろとさんは、いそいで 何を どう しましたか。

（　　　）を（　　　）。

② だれが、ひろとさんを おいかけましたか。

（　　　）

クイズ 4で、犬に おいついたのは、だれかな？
① ひろとさん ② たくやさん

答え ▶ 87ページ

ものがたり［ひょうじゅん］

3 「だれが どう する」を 読みとろう③

もくひょう 10分

月 日 とく点 点

1 つぎの 文しょうを 読んで、もんだいに 答えましょう。【40点】

春の、はじめの、話です。山の てっぺんから、まん月が 顔を 出して「はっくしょん。」と、くしゃみを しました。今夜は、とても さむいのです。

ふもとの 村の うめの えだでも、だれかが、「くしょん。」と、くしゃみを して います。

だれかな？

うめの 花です。

きのう、あんまり あたたかだったので、ほろほろっと、たった 一つ、白い うめの 花が さいたのです。

（工藤直子「うめの花とてんとうむし」『花の咲く童話集3』〈岩崎書店〉より）

① まん月は、どこから 顔を 出しましたか。（15点）

（　　　　）

② 顔を 出した まん月は、どう しましたか。（15点）

③ 「だれか」とは、だれでしたか。記ごうを ○で かこみましょう。（10点）

ア 山

イ まん月

ウ うめの 花。

2 つぎの　文しょうを　読んで、もんだいに　答えましょう。　一つ15点【60点】

「くしょん。」と、くしゃみが　きこえました。

見ると、うめの　花の　すぐ　そばで、てんとう虫が　ふるえて　います。

（りゃく）

「㋐あらら。てんとう虫。今ごろは　まだ、みんな　いっしょに　ねむって　いるんじゃ　なかったの。」

うめの　花は、びっくりして　たずねました。

「㋑ぼく、すっかり　春だと　思ったの。きのう、あんなに　あたたかだったでしょう。ねどこから　とびだして、あっちこっち　あそんでたの。」

（工藤直子「うめの花とてんとうむし」『花の咲く童話集3』〈岩崎書店〉より）

① てんとう虫は、どこで　どう　して　いましたか。

（　　　　）の　すぐ　そばで、（　　　　）。

② 線㋐の　ことを　たずねたのは、だれですか。

（　　　　）

③ 「㋑ぼく」とは、だれの　ことですか。

（　　　　）

お話に　出て　くるのは、だれと　だれかな？

クイズ 1の　きせつは、いつの　はじめごろかな？

① 春　② 夏　③ 秋　④ 冬

答え▶87ページ

4 ものがたり［ひょうじゅん］「だれが どう する」を 読みとろう④

もくひょう 10分

月 日 とく点 点

1 つぎの 文しょうを 読んで、もんだいに 答えましょう。【45点】

冬の 間、くまの 親子は、ずっと 山の あなの 中で、ねむって いました。

くらい あなの 中に、そよそよと 風が ふきこんで きました。

風は、春の においを はこんで きました。くまの 親子は、大きな あくびを して、目を さましました。それから、あなの 外に はい出しました。

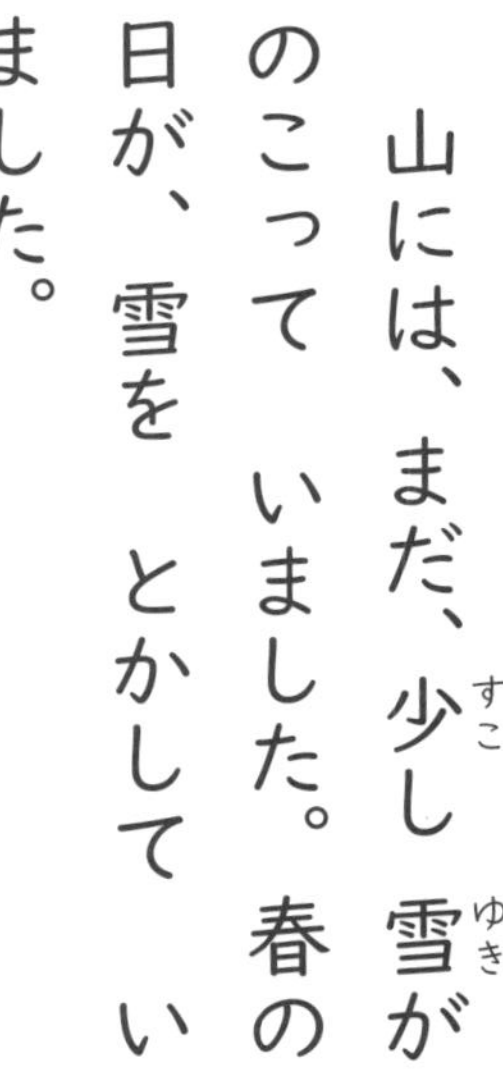

山には、まだ、少し 雪が のこって いました。春の 日が、雪を とかして いました。

（椋鳩十「くまの おや子」『1年生のどうわ②』〈理論社〉より）

① 冬の 間、くまの 親子は、どう して いましたか。（15点）

［　　　　］

② 目を さました くまの 親子は、どう しましたか。一つ10点（20点）

・（　　　　）に（　　　　）。

③ 雪を とかして いたのは、何ですか。（10点）

（　　　　）

2 つぎの 文しょうを 読んで、もんだいに 答えましょう。【55点】

親子は 冬の 間、何も 食べて いなかったので、体が 弱って いました。川の 近くに、ふきのとうが めを 出して いました。

親子の くまは、大いそぎで、それを 食べました。空っぽの おなかの 中に、にがい ふきのとうが、ひりひりと しみました。にがいけれど、気もち よく しみました。

あなから はい出した くまが、まっ先に 食べるのは、ふきのとうです。ふきのとうを 食べると、くまは、元気に なるのです。

（椋鳩十「くまの おや子」『1年生のどうわ②』〈理論社〉より）

① 「体が 弱って」 いたのは、なぜですか。 一つ15点(30点)

・くまの（　　　　）は、冬の 間、何も（　　　　）いなかったから。

② 親子の くまは、大いそぎで 何を 食べましたか。 (10点)

（　　　　）

③ ②の ものを 食べると、くまは どう なるのですか。 (15点)

（　　　　）

お話の さい後に ちゅういしよう。

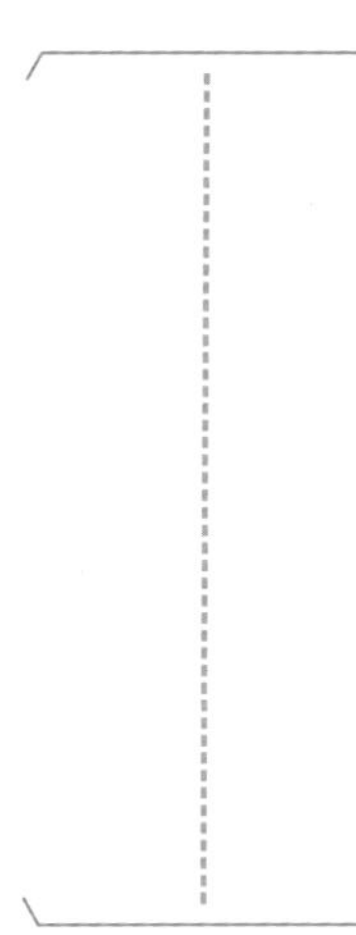

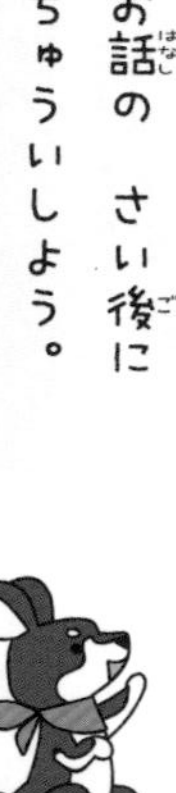

クイズ

2で、ふきのとうが めを 出して いたのは、どこかな？

① 山の あな ② 川の 近く

答え ▶ 87ページ

5 ものがたり［きほん］

「いつ　どこで」を読みとろう①

もくひょう 10分　月　日　とく点　点

1 つぎの　文しょうを　読んで、もんだいに　答えましょう。【15点】

冬の　日曜日の　朝です。
みかが　まどを　あける
と、あたり
一めん　まっ
白でした。

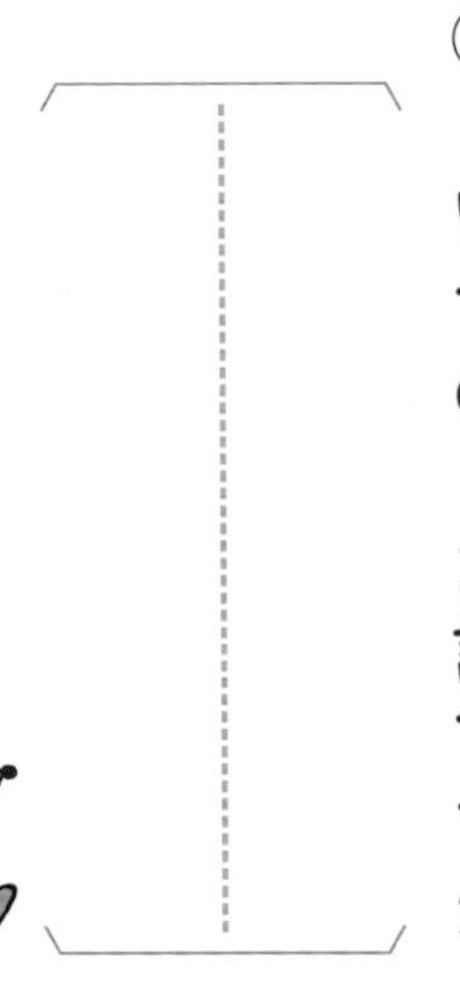

◎　いつの　お話ですか。

（　　　　　）

きせつ・曜日・時を
あらわす　ことばが　あるね。

2 つぎの　文しょうを　読んで、もんだいに　答えましょう。【35点】

よく　晴れて、まぶしい
くらいです。
雪は、夜の　うちに　ふっ
たのです。
にわを　見ると、犬の
ゴンが、うれし
そうに　雪の
上を　走り回っ
て　いました。
みかは、い
そいで　朝食を　すませる
と、学校まで　行って　みる
ことに　しました。

①　雪は、いつ　ふった
のですか。（10点）

（　　　　　）

②　ゴンは、どこに　い
ますか。（15点）

（　　　　　）

③　みかは、どこまで
行く　ことに　しまし
たか。（10点）

（　　　　　）

3 つぎの 文しょうを 読んで、もんだいに 答えましょう。（一つ10点【20点】）

公園の 前で、みかは、友だちの まきに 会ったので、いっしょに 行く ことに しました。学校に ついたのは、八時ごろでした。

① みかは、どこで まきに 会いましたか。

（　　　　）

② 二人は、何時ごろ 学校に つきましたか。

（　　　　）

4 つぎの 文しょうを 読んで、もんだいに 答えましょう。（一つ15点【30点】）

雪の つもった 校ていでは、みんなが 雪合せんを して いました。二人も なかまに 入りました。楽しく あそんで いる うちに、ふと 気が つくと、もう お昼です。だれかが、「そろそろ やめよう。」と 言ったので、やめる ことに しました。

① みんなは、どこで 雪合せんを して いましたか。記ごうを ○で かこみましょう。

ア 教室　イ 公園　ウ 校てい

② 雪合せんを やめたのは いつですか。

（　　　　）

2 で、にわを 走り回って いたのは、だれかな？

①ゴン　②みか

答え ▶ 88ページ

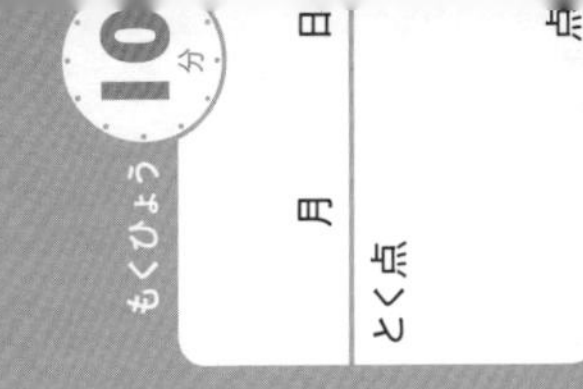

「いつ　どこで」を読みとろう②

もくひょう 10分　月　日　とく点　点

1 つぎの　文しょうを　読んで、もんだいに　答えましょう。【50点】

今日の　体いくの　時間は、さか上がりの　れんしゅうです。

クラスの　みんなは、どんどん　できるように　なって　いきました。

「なぜ、わたしだけ　できないのだろう……。」

と、ゆう子は　なみだが　出そうに　なりました。

ほうか後、今にも　雨が　ふりそうな　校ていには、だれも　いません。

できない　ところを　友だちに　見られたく　ない　ゆう子は、一人で　れんしゅうを　はじめましたが、うまく　いきません。

① さか上がりの　れんしゅうが　あったのは　いつですか。（15点）

・（　　　　）の　体いくの　時間。

② ゆう子は、いつ　どこで　れんしゅうして　いますか。一つ10点（20点）

・（　　　　）、（　　　　）で。

③ なぜ、一人で　れんしゅうするのですか。（15点）

・（　　　　）ところを、友だちに　見られたく　ないから。

2 つぎの 文しょうを 読んで、もんだいに 答えましょう。【50点】

ゆう子は、もう 一どだけ やって みる ことにしました。

目を つぶると、体いくの 時間に 先生が 言って いた ことばを 思い出しました。

「体に うでを 引きつけて ひじを まげるんだ。」

ゆう子は、目を あけると、思い切って 地めんを けりました。

「えいっ！」

気が つくと、ゆう子は てつぼうの 上に いました。

「やったあ！」

空は、いつの間にか すっかり 晴れて、夕日が ゆう子を やさしく てらして いました。

① 目を つぶった ゆう子が 思い出したのは、先生が いつ 言った ことばですか。(15点)

（　　　　）

② 地めんを けった ゆう子は、気が つくと、どこに いましたか。(15点)

（　　　　）

③ さか上がりが できた ときの ゆう子の 気もちが わかる ことばを 書き出しましょう。(20点)

（　　　　）

クイズ 2で、ゆう子が 思い出したのは、だれの ことばかな？
① 友だち ② 先生

答え ▶ 88ページ

7 「いつ どこで」を 読みとろう③

1 つぎの 文しょうを 読んで、もんだいに 答えましょう。【50点】

赤い やねの 小さな 家に、三びきの ねずみが すんで いました。

春です。今日は 春の 大そうじ。三びきの ねずみは、家の 中の ものを せっせと にわへ、はこび出して いました。

そこへ、りすの 親子が 通りかかりました。

「春ですね。ぽかぽかして とっても いい 気もち。おや、春の 大そうじですか。」

（こいでたん「はるです はるのおおそうじ」〈福音館書店〉より）

① 三びきの ねずみは、どこに すんで いましたか。 一つ10点〔20点〕

（　　　）の（　　　）家。

② 三びきの ねずみは、いつの 大そうじを して いるのですか。〔15点〕

（　　　）

③ 大そうじを して いる ところに 通りかかったのは、だれですか。〔15点〕

（　　　）

2 つぎの 文しょうを 読んで、もんだいに 答えましょう。【50点】

春の 大そうじは おわりました。三びきの ねずみは にわに 出した ものを、家の 中へ もどしました。

そして、ベランダで お茶を のんで いると、

「春ですね。ぽかぽか して とっても いい 気もち。」

と 言いながら、あなぐまが やって きました。

あなぐまは、三びきの 家を ぐるりと ながめ回しました。

（こいでたん「はるです はるのおおそうじ」〈福音館書店〉より）

① 三びきの ねずみは、にわに 出した ものを、どこへ もどしましたか。（15点）

（　　　　　）

② 三びきの ねずみは、どこで お茶を のんで いましたか。（15点）

（　　　　　）で のんで いた。

③ ――線の ことばを 言ったのは、だれですか。（20点）

この ことばを 言いながら やって きたんだね。

クイズ

1 で、大そうじを して いたのは、どんな 天気の ときかな？

① 雪　② 晴れ　③ 雨

答え ▶ 88ページ

8 かくにんテスト①

名前

もくひょう 15分

月 日

とく点

1 つぎの 文しょうを 読んで、もんだいに 答えましょう。 一つ10点【50点】

　山の 中に 雪だるまが 立って いました。風の 音と、ときどき 木の えだから おちる 雪の 音の ほかは、何も 聞こえません。雪だるまを 作った 村の 子どもたちも もう あそびに 来ません。

　雪だるまは ずっと ひとりぼっちでした。

　ある 日、森の 中から、話し声が 聞こえて きました。

「この あたりも まだ □が 来て いないね。」

「でも、ふもとの 方は、花が さいて いるかも しれないよ。」

（石鍋芙佐子「はるのゆきだるま」〈偕成社〉より）

① 雪だるまは、どこに いますか。

（　　　　）

② 雪だまるまを 作ったのは、だれですか。

（　　　　）

③ 話し声は、いつ、どこから 聞こえましたか。

・（　　　　）、（　　　　）から。

④ □に 入る ことばの 記ごうを、○で かこみましょう。

ア 春　イ 夏

ウ 秋　エ 冬

2 つぎの 文しょうを 読(よ)んで、もんだいに 答(こた)えましょう。【50点】

ふもとに 下りた どうぶつたちは あっちこっちに 春(はる)を 見つけました。

（りゃく）

「そうだ。雪(ゆき)だるまさんに おみやげを もって 帰(かえ)るんだった。」

子うさぎが、雪だるまとの やくそくを 思(おも)い出(だ)した とき、もう さくらの 花は まんかいでした。

「早く 早く、雪だるまさんが まって いるよ。」

どうぶつたちは いそいで 花を つむと、山へ かけのぼりました。

でも おそすぎました。

どうぶつたちが ついた とき、雪だるまは とけて しまって いました。

（石鍋芙佐子「はるのゆきだるま」〈偕成社〉より）

① どうぶつたちは、どこに 春を 見つけましたか。（10点）

・山の（　　　）の あっちこっち。

② 「雪だるまとの やくそく」とは、どんな ことですか。（15点）

・（　　　）を もって 帰る こと。

③ 雪だるまは、どこで まって いますか。（10点）

（　　　）

④ どうぶつたちが もどった とき、雪だるまは、どう なって いましたか。（15点）

書く力

［　　　］

答え ▶ 88ページ

9 何の　話かを　読みとろう①

もくひょう 10分　月　日　とく点　点

1 つぎの　文しょうを　読んで、もんだいに　答えましょう。【15点】

ひよことは、にわとりの　ひなの　ことです。小さくて　丸く、毛の　色は　黄色です。

◎ 何に　ついて、書いて　いますか。

（　　　　）の　こと。

はじめの　文に　ちゅういしよう。

2 つぎの　文しょうを　読んで、もんだいに　答えましょう。【25点】

たまごから　かえった　ひよこは、羽が　かわくと　すぐに　えさを　食べはじめます。

えさは、くだいた　とうもろこしや　こめの　ぬかなどを　まぜた　ものです。

三週間も　たつと、白い　羽が　生えて　きて、四週間で、もう　親の　にわとりと　同じ　大きさに　なります。

① 何に　ついて、書いて　いますか。（15点）

（　　　　）から　かえった　ひよこが、大きく　なるまで。

② どの　くらいで、親の　にわとりと　同じ　大きさに　なりますか。（10点）

（　　　　）で。

3 つぎの 文しょうを 読んで、もんだいに 答えましょう。一つ15点【30点】

秋に みのった どんぐりは、木から おちて めを 出します。七、八年 たつと、大人の 木に そだちます。

◎ 何に ついて、書いて いますか。

・（　　　）が めを 出し、大人の（　　　）に そだつまで。

4 つぎの 文しょうを 読んで、もんだいに 答えましょう。一つ10点【30点】

どんぐりは、どうぶつたちの 大切な 食べものにも なります。りすや 野ねずみなど 小さな ものから、さるや くまなど 大きな ものまで、みんなが どんぐりを 食べて 生きて います。

① 何に ついて、書いて いますか。

・どんぐりが、どうぶつたちの（　　　）に なる こと。

② どんぐりを 食べる 大きな どうぶつを、二つ 書きましょう。

（　　　）・（　　　）

クイズ

3 で、どんぐりが みのる きせつは、いつかな？

① 春　② 夏　③ 秋　④ 冬

答え ▶ 89ページ

10 何の 話かを 読みとろう②

もくひょう 10分　月　日　とく点　点

1 つぎの 文しょうを 読んで、もんだいに 答えましょう。【50点】

［どうぶつが、冬の 間、ねむって すごす ことを、「冬みん」と いいます。くまも 冬みんを する なかまの 一つです。］

くまは、冬みんの 間、何も 食べません。でも くまの 大きな 体の 中には、秋に たっぷり 食べた どんぐりや、はちみつなどの 食べものの よう分が、たくさんの しぼうと なって たくわえられて います。この しぼうの よう分を 少しずつ つかって、長い 冬を すごすのです。

たいせつな しぼうの よう分を ＊せつやくする ために、くまは、じっと うごかずに、しずかに ねむりつづけます。

＊せつやく…むだを なくして きりつめる こと。

（小田英智「どうぶつたちの 冬みん」『話のびっくり箱』〈学研プラス〉より）

① 何に ついて、書いて いますか。（15点）

・くまの（　　　　）の ようす。

② くまが、冬みんの 間 何も 食べないで いられるのは、なぜですか。一つ10点（20点）

・体の 中に、秋に 食べた（　　　　）の よう分が、（　　　　）と なって たくわえられて いるから。

③ ――線のように するのは、何の ためですか。（15点）

・しぼうの よう分を ［　　　　］する ため。

2 つぎの 文しょうを 読んで、もんだいに 答えましょう。【50点】

チーターは、とても はやく 走る ことで 知られて います。どうして、そんなに はやく 走る ことが できるのでしょう。

チーターの 体は、頭が 小さく、どうや あしが 細く なって いて、走りやすいように できて いるのです。

チーターは、つめを 出した まま 走ります。つめを 地めんに つきさして 走るので、すべらずに 地めんを 走って いく ことが できます。その ため、けるたびに はやさが まして、えものに 近づく ことが できるのです。

（「なぜ？ どうして？ もっと科学のお話」〈学研プラス〉より）

① 何に ついて、書いて いますか。（15点）

・チーターが、とても（　　　）走れる わけ。

「どうして」に ちゅうい。

② チーターの 体は、どう なって いるので 走りやすいのですか。一つ10点（20点）

・頭が（　　　）て、どうや あしが（　　　）なって いる。

③ つめを 出した まま 走るのは、何の ためですか。記ごうを ○で かこみましょう。（15点）

ア ころばない ため。

イ すべらない ため。

ウ つかれない ため。

クイズ

2で、チーターが はやく 走るのは、なぜかな？

① てきから にげる ため　② えものに 近づく ため

答え ▶ 89ページ

11 何の 話かを 読みとろう③

1 つぎの 文しょうを 読んで、もんだいに 答えましょう。【50点】

まゆ毛は、何の ためにあるのでしょうか。

おでこに かいた あせが 目に 入ると、こまりますね。でも、まゆ毛がある ことで、おでこからながれおちて くる あせは、まゆ毛をつたわって顔の りょうがわへとながれて いきます。まゆ毛は あせが 目に 入るのを ふせいで いるのです。

また、まゆ毛は、目の上に ある 小さな 日がさのように、日の 光を さえぎって、強い 日ざしから 目を まもって くれて います。

（「なぜ？ どうして？ もっと科学のお話」〈学研プラス〉より）

① 何に ついて、書いて いますか。（15点）

・（　　　　）の やくめ。

② おでこに あせを かいても 目に 入らないのは、なぜですか。（一つ10点〔20点〕）

・まゆ毛が あせを 顔の（　　　　）へ ながれさせ、あせが（　　　　）のを ふせいで いるから。

③ 日の 光を さえぎる まゆ毛を、何のようだと いって いますか。三字で 書きましょう。（15点）

2 つぎの 文しょうを 読んで、もんだいに 答えましょう。【50点】

やしの 木は、南の 国の しょくぶつで、大きくて かたい みを つけます。
やしの みは、いろいろな ものに すがたを かえて、わたしたちの 生活に やくだって います。
たとえば、ミルクや ケーキ、アイスクリームなど、多くの のみものや 食べものに、やしの みから しぼりとった あぶらが つかわれて いるのです。
食べものだけで なく、石けん、台どころ用の せんざい、シャンプーなどにも、やしの みの あぶらが つかわれて います。

(菅家祐「ヤシのみ」より)

① 何に ついて、書いて いますか。(15点)

（　　　　）の（　　　　）は、どの ように やくだって いるかと いう こと。

② やしの みの あぶらが つかわれて いる 食べものには、何が ありますか。二つ 書きましょう。(一つ10点(20点))

（　　　　）
（　　　　）

③ シャンプーには、やしの みの 何が つかわれて いますか。(15点)

（　　　　）

おわりの 文を よく 読もう。

クイズ
2の やしの 木は、どこの しょくぶつかな?
① 北の 国 ② 南の 国

答え ▶ 89ページ

12 だいじな ことを 読みとろう①

もくひょう 10分　月　日　とく点　点

1 つぎの 文を 読んで、もんだいに 答えましょう。【15点】

りょう理に つかう ため、しょくぶつの たねや はなどを ほして かわかした ものを、スパイスと いいます。

◎ スパイスは、どう やって 作られますか。

・しょくぶつの（　　　　）などを ほして かわかす。

2 つぎの 文しょうを 読んで、もんだいに 答えましょう。【35点】

インドでは、むかしから、スパイスを くすりと しても 用いて きました。

たとえば、カレーに もっとも 多く ふくまれる スパイスで ある 「ターメリック」は、食べた ものを よく ＊しょうかし、体に わるい ものを 外に 出す はたらきを します。

＊しょうか…食べた ものを 体に とり入れられるように する こと。

① インドでは、スパイスを 何と して つかって いましたか。（15点）

（　　　　）

② 「ターメリック」の はたらきを、二つ 書きましょう。 一つ10点(20点)

・食べた ものを よく（　　　　）する。

・（　　　　）ものを 外に 出す。

3 つぎの　文しょうを　読んで、もんだいに　答えましょう。【15点】

生たまごを　＊ねっとうに　入れて　おくと、ゆでたまごに　なります。なぜ　でしょう。

＊ねっとう…にえたって　いる　ゆ。

◎　生たまごを　どう　すると、ゆでたまごに　なるのですか。

（　　　　）おく。

4 つぎの　文しょうを　読んで、もんだいに　答えましょう。【35点】

たまごの　白みにも、黄みにも、ねつを　くわえると　かたまる　せいしつの　ある「たんぱくしつ」と　いう　えいようが、たくさん　ふくまれて　います。だから、にたった　おゆの　中で　生たまごを　あたためると、ねつが　だんだん　たまごの　中に　つたわって、ゆでたまごに　なるのです。

①　たんぱくしつには、どのような　せいしつが　ありますか。（一つ10点〈20点〉）

（　　　　）を　くわえると、（　　　　）せいしつ。

②　「だから」と　同じような　はたらきを　もつ　ことばの　記ごうを、○で　かこみましょう。（15点）

ア　また　イ　それで　ウ　しかし

クイズ

3で、生たまごを　ねっとうに　入れると、何に　なるかな？

①目玉やき　②ゆでたまご

答え ▶ 89ページ

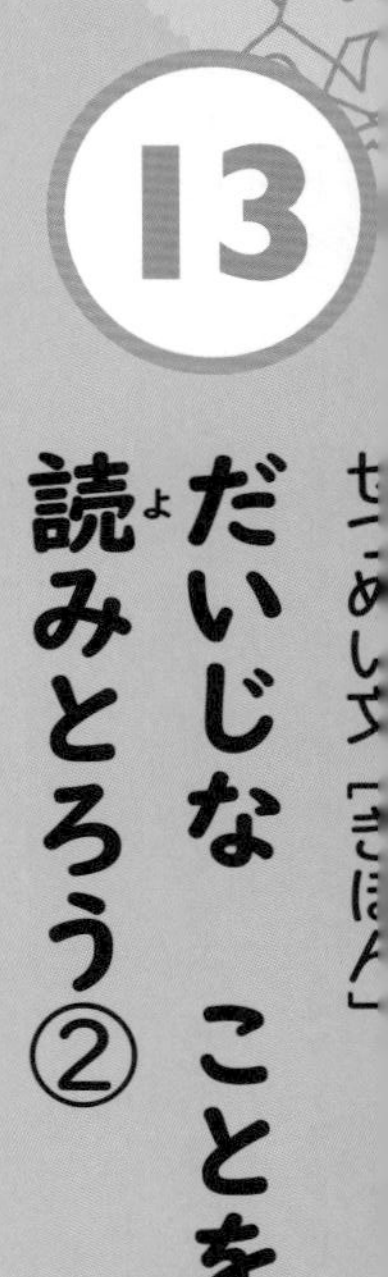

13 だいじな ことを 読みとろう②

1 つぎの 文しょうを 読んで、もんだいに 答えましょう。 一つ15点【30点】

うつぼかずらは、つぼの ような 形の はを もって います。うつぼかずらは、は の 中に おちて きた 虫を、＊そこの ところに ある 「しょうかえき」で とかし、自分の えいように します。

＊そこ…入れものなどの 下の めん。

① うつぼかずらの はは、どんな 形を して いますか。

（　　　　）のような 形。

② 「自分」は、何を さしますか。

（　　　　）

2 つぎの 文を 読んで、もんだいに 答えましょう。 【20点】

はえとりそうは、むき合った 二まいの はの 中に 虫が 入ると、はを さっと とじて、つかまえます。

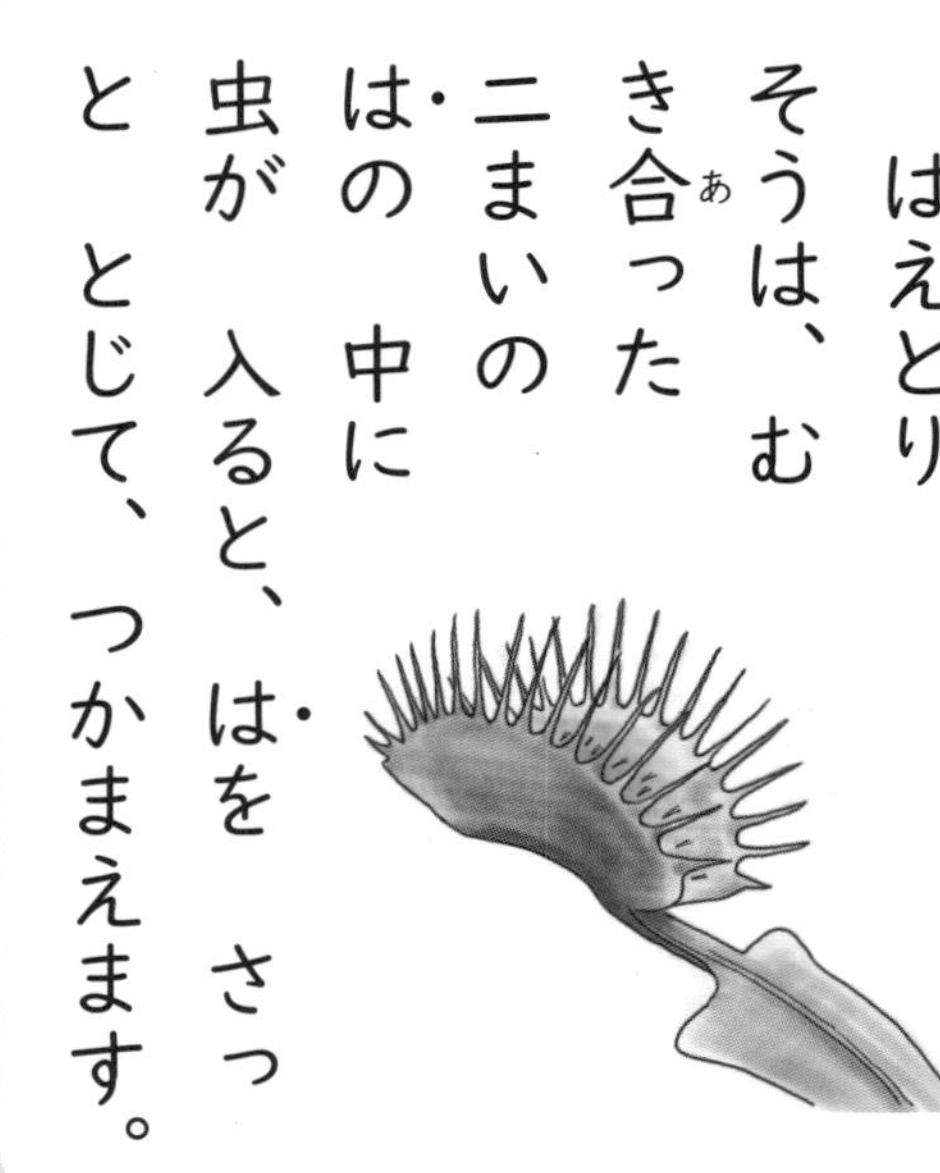

◎ はえとりそうは、何を つかって 虫を とりますか。

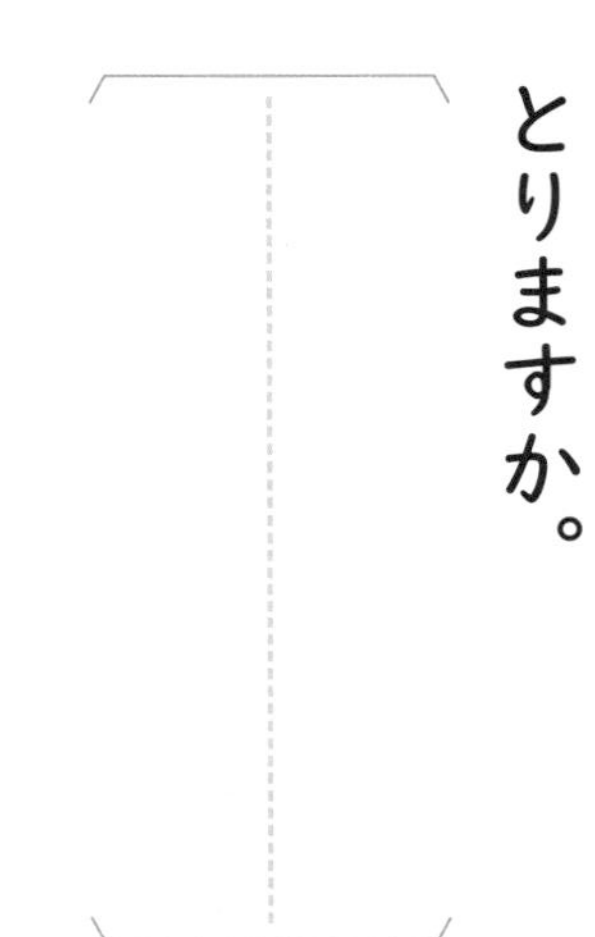

3 つぎの 文しょうを 読んで、もんだいに 答えましょう。【一つ15点 30点】

きょうりゅうは、たまごから 生まれて いた ことが わかって います。

きょうりゅうの たまごの 形には、いろいろ あります。まん丸の ものや、細長い カプセルのような ものが 見つかって います。

◎ きょうりゅうの たまごの 形には、どんな ものが ありますか。二つ 書きましょう。

・（　　　　）の もの。

・（　　　　）のような もの。

4 つぎの 文しょうを 読んで、もんだいに 答えましょう。【20点】

きょうりゅうの 大きさの わりには、たまごは それほど 大きく ありません。大きな ものでも、せいぜい バレーボールや ラグビーボールほどです。

◎ きょうりゅうの たまごは、体の 大きさの わりに 大きいのですか、小さいのですか。

（　　　　）

クイズ

3で、きょうりゅうに ついて わかって いる ことは、何かな？

①赤ちゃんで 生まれる ②たまごから 生まれる

答え ▶ 90ページ

14 だいじな ことを 読みとろう③

1 つぎの 文しょうを 読んで、もんだいに 答えましょう。【50点】

＊秋分の日を 中心に した 七日間を、「秋の ひがん」と いいます。「秋の ひがん」には、「春の ひがん」と 同じように、先ぞの おはかを そうじして、せんこうや 花などを そなえます。

「秋の ひがん」には おはぎを 食べますが、これは 「春の ひがん」に 食べる ぼたもちと 同じ ものです。同じ ものなのに 名前が ちがうのは、どうしてでしょう。それは、春は ぼたんの さく きせつなので ぼたもち、秋は はぎの さく きせつなので おはぎと よんで いるからです。

＊秋分の日…九月二十三日ごろ。

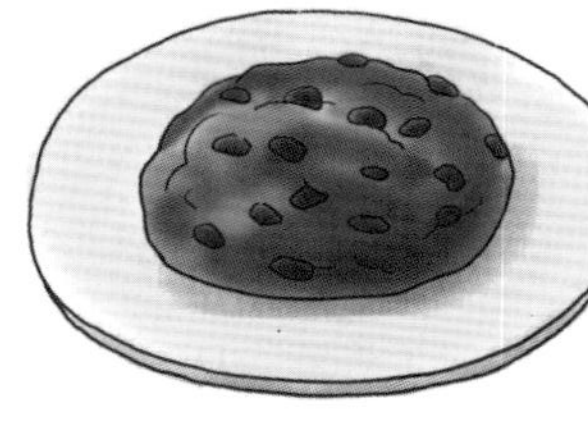

① 「秋の ひがん」は、いつですか。（15点）

・（　　　　）を 中心に した 七日間。

② 春と 秋の ひがんには、何を しますか。（15点）

・（　　　　）を そうじして、せんこうや 花を そなえる。

③ ぼたもちと おはぎは 同じ ものなのに、名前が ちがうのは、なぜですか。一つ10点（20点）

・春は（　　　　）が さき、秋は（　　　　）が さく きせつなので。

2 つぎの 文しょうを 読んで、もんだいに 答えましょう。【50点】

七月の 中ごろから 八月に かけて、いろいろな ところで 花火大会が 行われます。夏の 夜空に、うつくしい 大きな 火の わが 広がります。

夜空に ひらいた うち上げ花火は、どこから 見ても、同じように まるく 見えます。なぜでしょう。

それは、うち上げ花火が、玉のように まるく ひらくからです。日本の 花火大会は 川で 行う ことが 多いので、川の どちらがわから 見ても、きれいな まるい 形に 見えるように、くふうされて いるのです。

① 七月の 中ごろから 八月に かけて、何が 行われますか。（15点）

（　　　　　　）

② うち上げ花火が、どこから 見ても、同じように まるく 見えるのは、なぜですか。（一つ10点〔20点〕）

（　　　）のように（　　　）ひらくから。

「…からです。」と いう 文を 見つけよう。

③ 日本の 花火大会は、どこで 行う ことが 多いのですか。一字で 答えましょう。（15点）

□

クイズ

2で、うち上げ花火が ひらく すがたを、何に たとえて いるかな？

① 月　② 玉　③ さら

答え ▶ 90ページ

15 だいじな ことを 読みとろう④

もくひょう 10分

月 日

とく点 点

1 つぎの 文しょうを 読んで、もんだいに 答えましょう。【50点】

[1]オカピの 体は、黒っぽい 茶色を して いて、小さめの 馬ぐらいの 大きさです。

[2]はじめは しまうまの なかまだと 思われて いましたが、そうでは なく、キリンの なかまです。

[3]おすの オカピの 頭には、キリンのように、二本の つのが あります。また、足の 先の つめの 形が 二つに 分かれて いる ところも、キリンと いっしょです。そして、口の 中に ある したは、キリンのように、とても 長いのです。

[4]このように、オカピの 体は、キリンに とても よく にて います。

① オカピは、どんな 体を して いますか。一つ10点(20点)

㋐ 色（　　　　）

㋑ 大きさ（　　　　）

② オカピは、はじめは 何の なかまだと 思われて いましたか。(15点)

（　　　　）の なかま。

③ 「このように」は、[1]～[3]の どの まとまりを まとめて いる ことばですか。番ごうで 答えましょう。(15点)

［　　］

2 つぎの 文しょうを 読んで、もんだいに 答えましょう。【50点】

〔みつばちは、みつを あつめる とき、花ふんも あつめて すに もち帰ります。〕

みつと 花ふんを あつめた みつばちが 帰って くると、なかまが とりかこみます。

すると、帰って きた みつばちは、みつを ひとくち はき出して、㋐その まわりを 円を えがくように ぐるぐる 回ったり、おしりを ふりながら 8の字形に 歩き回ったり、㋑おかしな ダンスを はじめます。

これは、どちらの 方の、どのくらい はなれた ところに、どんな 花が あるかを、なかまに 知らせて いるのです。㋒なかまは、つぎつぎに すを とび立って いきます。

（七尾純・小田英智「カラー自然シリーズ２ 花とこん虫」〈偕成社〉より）

① 「㋐その まわり」とは、どこを さしますか。（15点）

・はき出した ［　　］の まわり。

② 「㋑おかしな ダンス」を するのは、何を 知らせる ためですか。（一つ10点 20点）

・（　　）の 方の、どのくらい はなれた ところに、（　　）花が あるか。

③ ――線㋒は、どこへ 行くのですか。記ごうを ○で かこみましょう。（15点）

ア 水の ある ところ。

イ 花の ある ところ。

ウ なかまの いる ところ。

クイズ

2 で、みつばちが みつと いっしょに あつめるのは、どっちかな？

① 花ふん　② 花びら

答え ▶ 90ページ

16 かくにんテスト②

名前

もくひょう 15分　月　日　とく点

1 つぎの 文しょうを 読んで、もんだいに 答えましょう。【50点】

なまけものと いう どうぶつは、一日の ほとんどを 高い 木の えだに ぶら下がって ねて います。

夜に なると、木の 上の はや めなどを 食べますが、食べるのは とても 少ない りょうです。

なまけものは うごきが とても おそく、木の 上を ゆっくり うごきます。このように、あまり 力を つかわないので、食べる りょうが 少なくても 十分なのです。ふんを するのも、一週間に 一回くらいです。

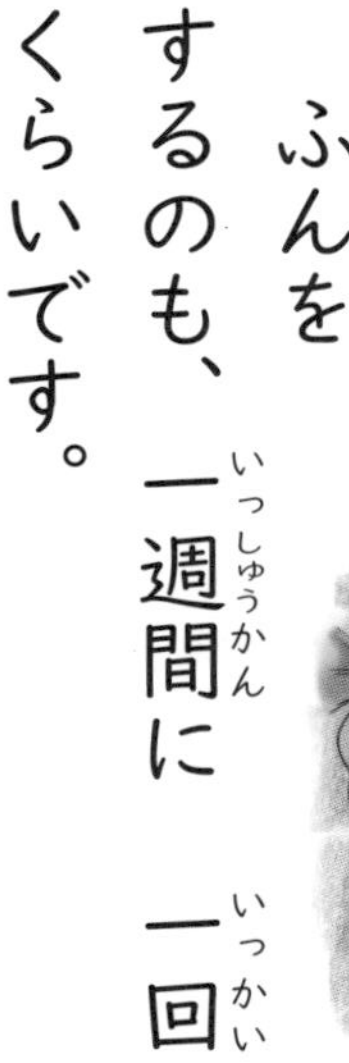

① なまけものは、一日の ほとんどを どのように すごしますか。一つ10点【20点】

・（　　　　）に ぶら下がって（　　　　）いる。

② 食べる りょうが 少なくても すむのは、なぜですか。【15点】

・うごきが おそいので、あまり □ を つかわないから。

③ ふんを する 回数は、どのくらいですか。【15点】

（　　　　）

2 つぎの 文しょうを 読んで、もんだいに 答えましょう。【50点】

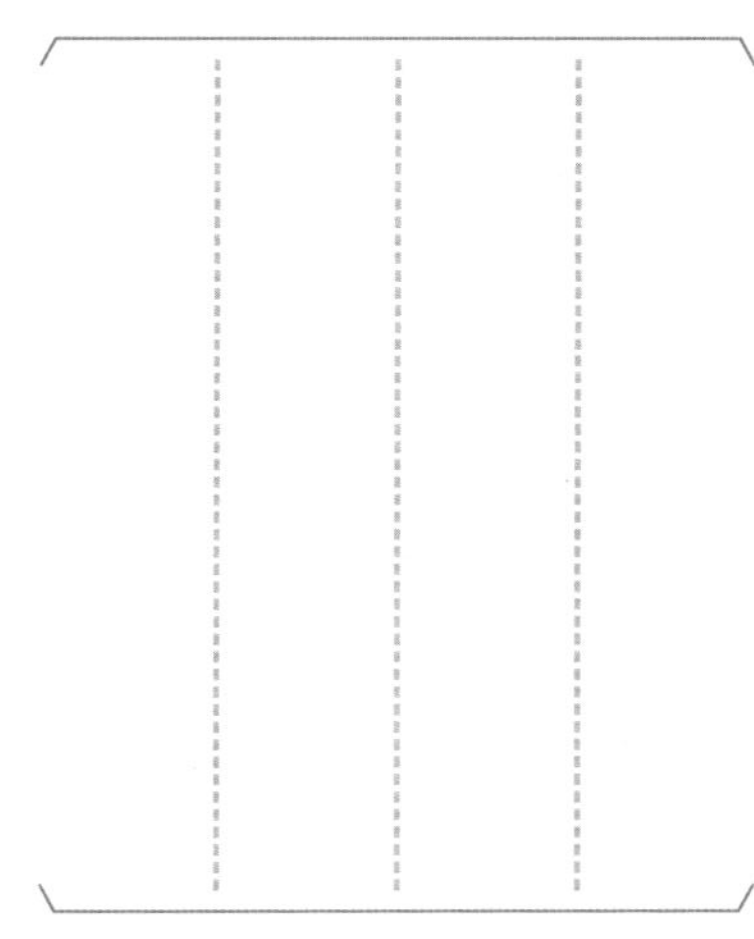

しまうまは、体に 白と 黒の しまもようが あります。この しまもようは、何の ために あるのでしょうか。

しまもようは、みを まもるのに やくだって いると いわれて います。

しまうまが、みんなで かたまって いると、一つの 大きな もようのように 見えて、一頭ずつが 見分けにくく なります。その ため、しまうまを おそう ライオンなどの てきは、ねらいが つけにくく なると いうのです。

その ほかに、しまもようの ちがいで なかまを 見分けて いるとも 考えられて います。

① しまうまの 体には、どんな もようが ありますか。（15点）

（　　　　　　）

② しまもようの やくわりが、いくつ 書いて ありますか。（15点）

（　　　　）つ

書く力 ③ ——線と ありますが、しまもようが どんな やくわりを して、一頭ずつが 見分けにくく なるのですか。（20点）

（　　　　　　）

答え ▶ 90ページ

17 ものがたり［きほん］

ようすを 読みとろう①

1 つぎの 文しょうを 読んで、もんだいに 答えましょう。【20点】

けんが 学校から 帰ると、妹の りなが にこにこしながら 出むかえました。そして、「早く、早く。」と けんを せかします。

◎ りなは、どんな ようすで けんを 出むかえましたか。

・［　　　　］ しながら。

2 つぎの 文しょうを 読んで、もんだいに 答えましょう。一つ15点【30点】

けんは、いそいで 子どもべやに 行きました。そして、「あっ。」と おどろきました。そこには、白い 子犬が いたのです。「しばらく うちで あずかるんだって。」と、りなが 言いました。

① けんは、どんな ようすで 子どもべやに 行きましたか。

・（　　　　） 行った。

② けんは、何を 見て おどろいたのですか。

（　　　　）

3 つぎの 文しょうを 読んで、もんだいに 答えましょう。【20点】

白い 子犬は ふかふかの クッションの 上で、ぐっすり ねむって います。

「かわいいね。」

と、けんと りなは □ わらいました。

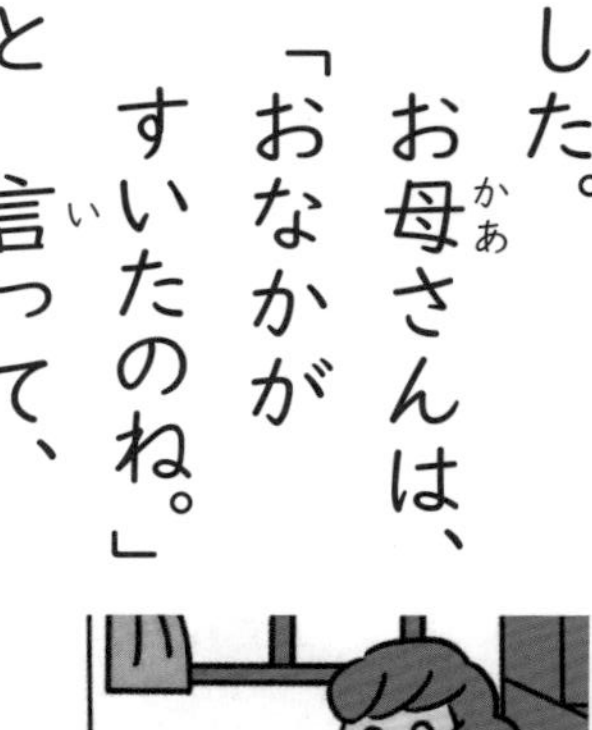

◎ □に 合う ことばの 記ごうを、○で かこみましょう。

ア ふかふか
イ ぐっすり
ウ にっこり

声を 出さずに わらう ようすを あらわす ことばだよ。

4 つぎの 文しょうを 読んで、もんだいに 答えましょう。一つ15点【30点】

子犬が 目を さまして、キャンキャン 鳴き出しました。
お母さんは、
「おなかが すいたのね。」
と 言って、ミルクを もって きました。
おさらの ミルクを 見た 子犬は、うれしそうに のみはじめました。

① 子犬の 鳴き声を 書き出しましょう。
（　　　　）

② 子犬は、どんな ようすで ミルクを のみはじめましたか。
・（　　　　）な ようす。

クイズ
4で、ミルクを もって きたのは、だれかな？
① けん ② りな ③ お母さん

答え ▶ 91ページ

18 ものがたり［きほん］

ようすを 読みとろう②

1 つぎの 文しょうを 読んで、もんだいに 答えましょう。【20点】

野原に 秋が やって きました。
すず虫は、はり切って リンリン 歌います。

◎ すず虫の 歌声を あらわす ことばを、四字で 書きましょう。

2 つぎの 文しょうを 読んで、もんだいに 答えましょう。一つ15点【30点】

秋の 野原で、みんなは はっぴょう会を する ことに なりました。
とんぼは、すいすい とび回ります。
すすきは、ゆらゆら ゆれて おどります。
コスモスは、きれいな 花を たくさん さかせました。

① すすきが おどる ようすを あらわす ことばの 記ごうを、○で かこみましょう。

ア すいすい
イ くるくる
ウ ゆらゆら

② コスモスは、どんな 花を さかせますか。

（　　　　）花。

3 つぎの 文しょうを 読んで、もんだいに 答えましょう。

野うさぎが、みんなの はっぴょう会を ねっしんに 見て います。
そして、「すごいねえ。」と、みんなに 声を かけて います。

◎ 野うさぎは、どんな ようすで はっぴょう会を 見て いますか。五字で 書きましょう。【20点】

「どのように」見て いるかが わかる ことばだよ。

4 つぎの 文しょうを 読んで、もんだいに 答えましょう。一つ15点【30点】

「そうだ！ 山の くまさんに 知らせよう。」

野うさぎは、秋の 野原の ようすを 絵に かきました。そして、まっかな 草の み・と いっしょに、その 絵を 山の くまさんの ところに とどけました。

① 野うさぎは、どんな 絵を かきましたか。

（　　　　　）の ようすの 絵。

② 草の み・は、どんな 色を して いますか。

（　　　　　）な 色。

クイズ

4 で、野うさぎは、だれに 絵を とどけたのかな？

① すず虫　② とんぼ　③ くまさん

答え ▶ 91ページ

19 ものがたり［ひょうじゅん］
ようすを 読みとろう③

もくひょう 10分　月　日　とく点　点

1 つぎの 文しょうを 読んで、もんだいに 答えましょう。【50点】

むかし、＊モンゴルの 草原に、スーホという、まずしい ひつじかいの 少年が いました。

＊モンゴル…中国の 北に ある 国。

スーホは、年とった おばあさんと、二人きりで くらして いました。スーホは 大人に まけないくらい、よく はたらきました。

（りゃく）

スーホは、とても 歌が うまく、ほかの ひつじかいたちに たのまれて、よく、歌を 歌いました。スーホの うつくしい 歌声は、草原を こえ、遠くまで ひびいて いくのでした。

〈大塚勇三再話「スーホの白い馬」〈福音館書店〉より〉

① スーホの しごとは、何ですか。（15点）

（　　　　）

書く力 ② スーホが はたらきものだと いう ことは、どんな ところから わかりますか。（20点）

（　　　　）

③ スーホの 歌声に 合う ほうの 記ごうを、○で かこみましょう。（15点）

ア 弱々しくて よく 聞こえない。

イ うつくしくて 遠くまで ひびく。

2 つぎの 文しょうを 読んで、もんだいに 答えましょう。【50点】

ある 日の ことでした。日は、もう 遠い 山の むこうに しずみ、あたりは、ぐんぐん くらく なって くるのに、スーホが 帰って きません。

おばあさんは、心ぱいで たまらなく なりました。

（りゃく）

みんなが、心ぱいで たまらなく なった ころ、スーホが、何か 白い ものを だきかかえて、走って きました。

みんなが、そばに かけよって みると、それは 生まれたばかりの、小さな 白い 馬でした。

（大塚勇三再話「スーホの白い馬」〈福音館書店〉より）

① 日が しずんで、あたりの ようすは、どう なりましたか。（15点）

［　　　　　　　　］

② おばあさんが 心ぱいで たまらなかったのは、なぜですか。（15点）

（　　　　）こなかったから。

③ 「何か 白い もの」とは、何だったのですか。一つ10点（20点）

（　　　　）の（　　　　）。

1で、スーホと いっしょに くらして いたのは、だれかな？

① おばあさん ② ひつじかいたち

答え ▶ 91ページ

20 ものがたり［ひょうじゅん］
ようすを 読みとろう④

1 つぎの 文しょうを 読んで、もんだいに 答えましょう。【50点】

ある ばんの こと、ねむって いた スーホは、はっと 目を さましました。けたたましい 馬の 鳴き声と、ひつじの さわぎが 聞こえます。スーホは、はねおきると 外に とび出し、ひつじの かこいの そばに かけつけました。

見ると、大きな おおかみが、ひつじに とびかかろうと して います。そして、小さな 白馬が、おおかみの 前に 立ちふさがって、ひっしに ふせいで いました。

（大塚勇三再話「スーホの白い馬」〈福音館書店〉より）

① スーホが 目を さましたのは、何が 聞こえたからですか。一つ10点（20点）

・（　　　）

・（　　　）

② ひつじに とびかかろうと して いたのは、何ですか。（15点）

（　　　）

③ 小さな 白馬は、どう して いましたか。（15点）

（　　　）

2 つぎの 文しょうを 読んで、もんだいに 答えましょう。【50点】

スーホは、おおかみを おいはらって、白馬の そばに かけよりました。白馬は、体中、あせで びっしょり ぬれて いました。ずいぶん 長い 間、一人で、おおかみと たたかって いたのでしょう。

スーホは、あせだらけに なった 白馬の 体を なでながら、兄弟に 言うように 話しかけました。

「よく やって くれたね、白馬。本当に ありがとう。」

（大塚勇三再話「スーホの白い馬」〈福音館書店〉より）

① 白馬は、体中、どんな ようすでしたか。（15点）

② 白馬の 体の ようすから、どんな ことが わかりますか。一つ10点（20点）

（　　　　）、一人で おおかみと（　　　　）いた こと。

③ スーホは、どのように 話しかけましたか。（15点）

（　　　　）に 話しかけた。

クイズ

1 で、白馬は、何と たたかったのかな？

① ひつじ　② 馬　③ おおかみ

答え ▶ 91ページ

21 ものがたり［きほん］
気もちを 読みとろう①

1 つぎの 文しょうを 読んで、もんだいに 答えましょう。【20点】

森を 歩いて いた ぞうさんは、おどろきました。大きな 木が、たおれて いたのです。

◎ ――線の ようすを 見た ぞうさんの 気もちが わかる ことばを、書き出しましょう。

（　　　　）

2 つぎの 文しょうを 読んで、もんだいに 答えましょう。一つ15点【30点】

たおれた 木の そばでは、きつつきの お母さんが ないて います。ぼうやが 一羽、見当たらないと いうのです。

「木の 下じきに なって しまって いるかも しれないわ。」

ぞうさんも、心ぱいに なって きました。

① きつつきの お母さんが ないて いたのは、なぜですか。

（　　　　）が 一羽、見当たらないから。

② ぞうさんの 気もちが わかる 三字の ことばを 書きましょう。

□□□

3 つぎの 文しょうを 読んで、もんだいに 答えましょう。【20点】

「ぼくに まかせて。」
と、ぞうさんは たおれた
木を もち上げました。
「ぼうやが いたわ！」
きつつきの お母さんは、
大よろこびです。

◎ ぼうやを 見つけた ときの お母さんの 気もちが わかる ことばを、五字で 書き出しましょう。

4 つぎの 文しょうを 読んで、もんだいに 答えましょう。【一つ15点【30点】

きつつきの ぼうやは、
木の えだに 引っかかっ
て いたので、
元気でした。
ぞうさんは、
お母さんと
ぼうやに、
「よかったね。」
と 言いました。
きつつきの 親子は、ぞ
うさんに 何ども おれい
を 言いました。

① ぶじな ぼうやを 見た ぞうさんの 気もちに 合う 記ごうを、○で かこみましょう。

ア おどろいた。
イ 心ぱいした。
ウ あん心した。

② きつつきの 親子は、ぞうさんに 何を 言いましたか。

（　　　　）

クイズ
3で、たおれた 木を もち上げたのは、だれかな？
① きつつきの お母さん　② ぞうさん

答え ▶ 92ページ

ものがたり［きほん］

22 気もちを　読みとろう②

もくひょう 10分　月　日　とく点　点

1 つぎの　文しょうを　読んで、もんだいに　答えましょう。【15点】

もう　すぐ　プールびらきの　日。
あやかは、さっきから「いやだなあ。」を　くりかえして　いた。

◎ あやかの　気もちを　あらわして　いる　ことばを　書き出しましょう。

（　　　　　）

2 つぎの　文しょうを　読んで、もんだいに　答えましょう。一つ15点【30点】

およぎは　にが手だけれど、あやかは　夏が　大すきだ。
もう　すぐ、大すきな　夏が　やって　くる。
今年の　夏休みは、家ぞくで　キャンプを　する　ことに　なって　いる。
キャンプの　日を、あやかは、わくわくしながら　まって　いる。

① あやかが　にが手な　ことは、何ですか。

（　　　　　）

② キャンプの　日を　まって　いる　あやかの　気もちが　わかる　ことばを、四字で　書き出しましょう。

□□□□

3 つぎの 文しょうを 読んで、もんだいに 答えましょう。【20点】

キャンプの 場しょは、みずうみの ＊ほとりだ。あやかは、はじめて ボートに のって、とても 楽しかった。

＊ほとり…そば。あたり。

◎ はじめて ボートに のった、あやかの 気もちを 書き出しましょう。

（　　　　）

4 つぎの 文しょうを 読んで、もんだいに 答えましょう。【35点】

あやかは きれいな みずうみが、すぐに 気に 入った。
「水に 入って みようかな。」
と、あやかは おそるおそる みずうみに かた足を 入れて みた。
水が つめたくて 気もちよかったので、もう かた方の 足も 入れた。

① あやかは、きれいな みずうみを どう 思いましたか。（20点）

［　　　　］

② みずうみに かた足を 入れた あやかは、どう かんじましたか。（15点）

・水が つめたくて（　　　　）。

クイズ

4で、あやかが みずうみに かた足を 入れた ときの 気もちは？
① おそるおそる　② わくわく

答え ▶ 92ページ

23 ものがたり［ひょうじゅん］
気もちを 読みとろう③

もくひょう 10分

月 日

とく点 点

1 つぎの 文しょうを 読んで、もんだいに 答えましょう。【50点】

［「ぼく」の 家の ゆうびん箱には、かえるが すんで いる。］

ぼくが 手紙を とりに いくと、あの かえるが めがねを かけて、はがきを よんで いた。

「ずるいぞ。よその うちの 手紙、だまって よむ なんて。」

ぼくは、かえるに いって やった。

すると かえるは、こう いった。

「ここは、ぼくの うちだ。うちに きた 手紙は、ぼくの 手紙だ。」

（山下明生「手紙をください」『童話の島じま5』〈あかね書房〉より）

① かえるは、何を して いましたか。（20点）

② 「ぼく」は、かえるの した ことを どう 思いましたか。三字で 書き出しましょう。（15点）

③ 手紙は、本当は だれの ものですか。記ごうを ○で かこみましょう。（15点）

ア かえる

イ 「ぼく」の うち。

ウ 「ぼく」と かえる。

2 つぎの 文しょうを 読んで、もんだいに 答えましょう。 【50点】

〔かえるは、どう すれば 自分も 手紙を もらう ことが できるのかと、「ぼく」に たずねた。〕

「そりゃ、自分からも 手紙を かけば いいのさ。手紙を ください って。」
ぼくは、かえるに おしえて やった。

（りゃく）

「さあ、いっぱい 手紙を かいたぞ。どんな 返事が くるかなあ。」
かえるは、目を くりくりさせて ひとりごとを いって いた。

（山下明生「手紙を ください」『童話の島じま5』〈あかね書房〉より）

① 「ぼく」は、かえるに どんな 手紙を かくように おしえましたか。(10点)

（　　　　　）と かく こと。

② 書く力 「ぼく」に おしえて もらった かえるは、どう しましたか。(20点)

③ ――線から わかる かえるの 気もちに 合う 記ごうを、○で かこみましょう。(20点)

ア 返事を 楽しみに まって いる。
イ 返事は こないと 思って いる。

クイズ 2で、かえるが ほしがって いるのは、何かな？
① 自分への 手紙　② 「ぼく」の 手紙

答え ▶ 92ページ

24 ものがたり［ひょうじゅん］ 気もちを 読みとろう④

1 つぎの 文しょうを 読んで、もんだいに 答えましょう。【50点】

［かえるは、手紙を かいて、三日間、返事を まって いた。］

ぼくが いって みると、かえるは 木の てっぺんに のぼって、ぼうえんきょうを のぞいて いた。

「どう？ 手紙 きた。」

ぼくは、かえるに きいた。

「いや、まだだよ。どうも ここの うちは、手紙に すかれて いないらしい。」

かえるは そう いうと、<u>にもつを まとめて でて いった。</u>

（山下明生「手紙をください」『童話の島じま5』〈あかね書房〉より）

① かえるは、どのようにして、手紙を まって いましたか。（15点）

・木の てっぺんで（　　　　）を のぞいて いた。

② かえるが ——線の ように したのは、なぜですか。（15点）

・（　　　　）が こないから。

③ ——線の ときの かえるは、どんな 気もちですか。記ごうを ○で かこみましょう。（20点）

ア ざんねんな 気もち。

イ 楽しみな 気もち。

ウ おどろいた 気もち。

2 つぎの 文しょうを 読んで、もんだいに 答えましょう。【50点】

〔かえるが いなく なった あと、「ぼく」は、かえるの 手紙を 見つけた。〕

はっぱには、一まい 一まい、「てがみを ください」と ていねいに かいて あった。

その とき はじめて、㋐気が ついたんだ。かえるは、ぼくに あてて、手紙を かいて いたんだよ。

あて名は ないけど、手紙は、ぼくの ゆうびん箱に あったんだもの。㋑ぼくは、おおいそぎで かえるに 手紙を かいた。

（山下明生「手紙をください」『童話の島じま5』〈あかね書房〉より）

① ㋐「気が ついた」のは、どんな ことですか。（20点）

〔　　　　〕

② かえるの 手紙は、どこに あったのですか。（15点）

（　　　　）

③ ――線㋑の ときの 「ぼく」の 気もちに 合う 記ごうを、○で かこみましょう。（15点）

ア 手紙なんて、めんどうくさいなあ。

イ 早く 出して かえるを よろこばそう。

かえるの、手紙には、何て かいて あったかな。

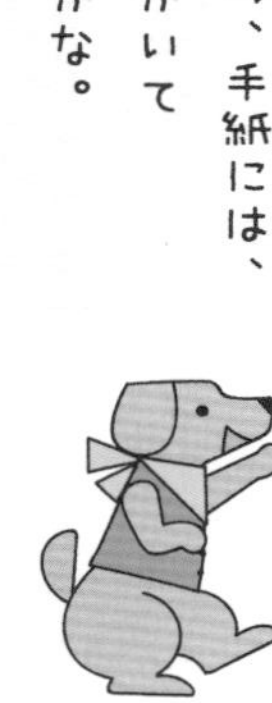

クイズ

2で、かえるは、何に 手紙を かいたのかな？

① 紙　② はっぱ

答え ▶ 92ページ

25 かくにんテスト③

名前

もくひょう 15分

月　日

とく点　点

1 つぎの　文しょうを　読んで、もんだいに　答えましょう。一つ10点【50点】

［おじいさんは、お正月の　ものを　買うために、おりものを　売ろうと、町へ　やって　きました。］

町には　大みそかの＊市が　立って　いて、もちでも　魚でも、＊まつかざりでも　野さいでも、何でも売られて　いました。おじいさんは　＊すげがさ売りの男の　となりで、道行く　人たちに　声を　かけましたと。

「ばさまの　おった　おりものは　いかがかな。おやすく　しとくだよ。」

けれど、［ア］売れません。やがて、日が　くれかけて、［イ］＊ひえこんで　きました。

＊市…ものの　売り買いを　する　ところ。
＊まつかざり…正月に　げんかんに　かざる　もの。
＊すげがさ…「すげ」と　いう　草の　はで　あんだ　かさ。
＊ひえこむ…さむく　なる。

（木暮正夫「かさじぞう」より）

① 町は、どんな　ようすでしたか。

・（　　　）が　立ち、何でも（　　　）いた。

② おじいさんの　となりに　いたのは、だれですか。

（　　　）

③ ［　］ア・イに　入る　ことばの　記ごうを、○で　かこみましょう。

ア｛ア　なかなか／イ　そろそろ｝

イ｛ア　こんこん／イ　ぐんぐん｝

2 つぎの 文しょうを 読んで、もんだいに 答えましょう。【50点】

〔すげがさ売りは、売れのこった すげがさと、おじいさんの おりものを、とりかえて ほしいと たのみました。〕

「いいともさ。」

おじいさんは ＊よくが ありません。せっかくの おりものを、五つの すげがさと とりかえ、

「お正月の ものを 何も 買えなかったが、しかたが ない わい。」

と、しょんぼり とぼとぼ 帰って いきました。

＊よく…ほしがる 気もち。

町を はなれて しばらく 行くと、雪が ふりだして きました。風も 出て きました。とちゅうの 野原は もう、一めん まっ白です。

（木暮正夫「かさじぞう」より）

① おじいさんは、何を 何と とりかえましたか。 一つ10点（20点）

（　　　）を（　　　）と。

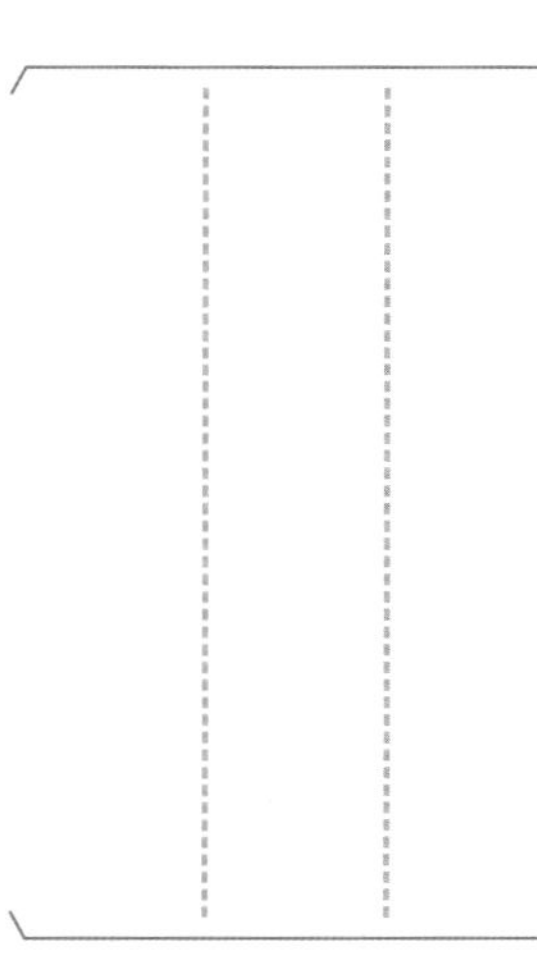

② ――線から わかる おじいさんの 気もちに 合う 記ごうを、○で かこみましょう。（15点）

ア たいくつして いる。

イ がっかりして いる。

ウ おどろいて いる。

書く力

③ 野原は、どんな ようすですか。（15点）

答え ▶ 93ページ

せつめい文［きほん］

26 じゅんじょよく読みとろう①

もくひょう 10分　月　日　とく点　点

1 つぎの　文を　読んで、もんだいに　答えましょう。【15点】

えんぴつの　しんは、まず、こくえんと　ねん土と　水を　まぜて　作ります。

ねんど　こくえん　みず

◎ えんぴつの　しんは、何を　まぜて　作りますか。

（　　　　　　）

2 つぎの　文しょうを　読んで、もんだいに　答えましょう。一つ15点【30点】

はじめに、木の　いたに　みぞを　つけます。いたと　いたで　しんを　はさむ　ためです。

［　　］、しんを　はさんだ　いたを、一本ずつ　切りはなし、えんぴつの　形に　けずります。

① はじめに、どう　するのですか。

・（　　　　　　）に　みぞを　つける。

② ［　　］に　入る　ことばの　記ごうを、○で　かこみましょう。

ア　まず

イ　つぎに

ウ　はじめに

3 つぎの 文しょうを 読んで、もんだいに 答えましょう。

ぶんぶんごまを 作ります。まず、工作用紙に 正方形を かき、色を ぬって、はさみで 切ります。

◎ 文しょうに 書いて ある じゅんに、番ごうを つけましょう。 ぜんぶ できて【20点】

（　　）はさみで 切る。

（　　）正方形を かく。

（　　）色を ぬる。

4 つぎの 文しょうを 読んで、もんだいに 答えましょう。 【35点】

正方形を 切りぬいたら、正方形の 中心の 近くに、きりで、あなを 二つ あけます。

さい後に、二つの あなに たこ糸を 通して、その りょうはしを むすびます。

① 「正方形」を 切りぬいた あと、どう しますか。 (15点)

・（　　　　）で、あなを 二つ あける。

② さい後に する ことは、何ですか。 一つ10点(20点)

・二つの あなに （　　　　）を 通して、その （　　　　）を むすぶ。

④の ときに、きりで、正方形の どこに あなを あけるのかな？

① 中心の 近く ② りょうはし

答え ▶ 93ページ

27 じゅんじょよく 読みとろう②

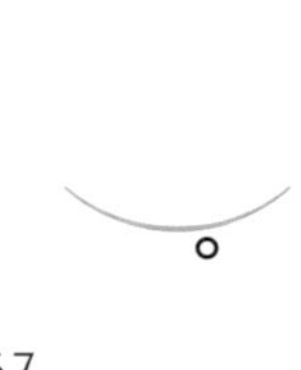

月　日

とく点　　点

1 つぎの 文しょうを 読んで、もんだいに 答えましょう。【50点】

「ころころ人形」を 作りましょう。

はじめに、画用紙に 空きかんの 円い 形を うつします。

つぎに、その 中に、人形の 絵を かいて、はさみで 切りぬきます。このとき、頭と 手足の 先に のりしろを 作って おきます。

そして、べつの 画用紙を 切って、空きかんと 同じ 大きさの つつを 作ります。

さい後に、つつの 中に 人形を はりつけて、かんせいです。

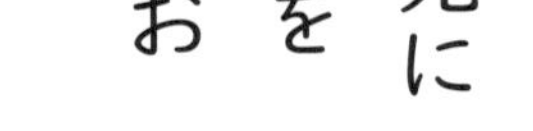
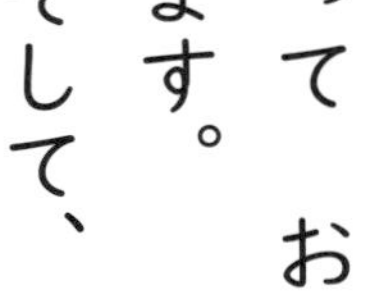

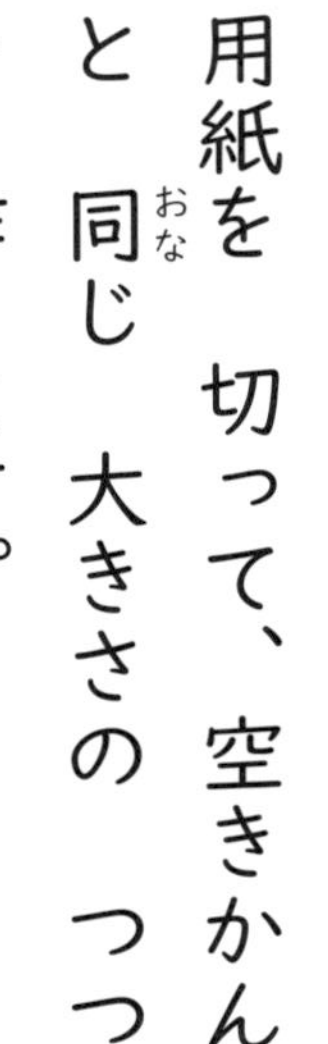

① 文しょうに 書いて ある じゅんに、番ごうを つけましょう。（ぜんぶ できて15点）

（　）空きかんの 円い 形を うつす。

（　）人形の 絵を 切りぬく。

（　）人形の 絵を かく。

② ――線の とき、何を 作って おきますか。（10点）

（　　　　）

③ アの 絵を せつめいして いる 文に、――を 引きましょう。（15点）

④ さい後に、どう するのですか。（10点）

・つつの 中に 人形を（　　　　）。

2 つぎの 文しょうを 読んで、もんだいに 答えましょう。【50点】

空きかんで 「おきあがりこぼし」を 作ります。
まず、空きかんに はる ために、画用紙に 自分の すきな 絵を かき、はさみで 切りぬいて おきます。
つぎに、ねん土を 空きかんの 内がわの 一かしょに つけて、おもりに します。
［　］、絵を かいた 画用紙を、セロハンテープで 空きかんに はりつけます。それから、かんを 回して あそびます。

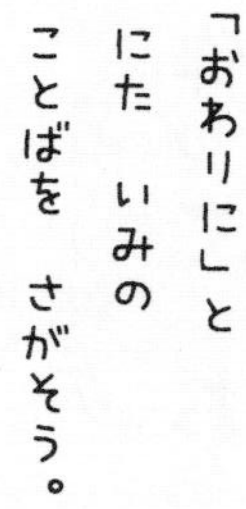

① ㋑の 絵を せつめいして いる 文に、――を 引きましょう。（20点）

② ［　］に 入る ことばの 記ごうを、○で かこみましょう。（15点）
ア まず　イ はじめに　ウ さい後に

③ 文しょうに 書いて ある じゅんに、番ごうを つけましょう。（ぜんぶ できて15点）
（　）空きかんに 画用紙を はりつける。
（　）空きかんに ねん土を つける。
（　）画用紙に すきな 絵を かく。

クイズ
1で、のりしろを 作って おくのは、人形の 絵の どこかな？
① 頭と 手足の 先　② 顔

答え ▶ 93ページ

28 じゅんじょよく読みとろう③

もくひょう 10分

月　日

とく点　　点

1 つぎの 文しょうを 読んで、もんだいに 答えましょう。 一つ15点【45点】

せつ分の ときに かぶる、おにの おめんを 作りましょう。

用いする ものは、画用紙、カラーペン、はさみ、きり、わごム、セロハンテープです。

はじめに、画用紙 いっぱいに、おにの 顔を かきます。

つぎに、はさみで おにの 顔を ていねいに 切りぬきます。

それから、耳の まん中に きりで あなを あけます。

［　　］、二つの 耳の あなに わゴムを 通して、セロハンテープで とめます。

これで、おにの おめんの できあがりです。

① 何の おめんの 作り方を せつめいして いますか。

・（　　　　）の おめん。

② はじめに、何を しますか。

・画用紙 いっぱいに、（　　　　）を かく。

「はじめに」で はじまる まとまりが あるね。

③ ［　　］に 入る ことばの 記ごうを、○で かこみましょう。

ア まず

イ つぎに

ウ さい後に

2 つぎの 文しょうを 読んで、もんだいに 答えましょう。【55点】

草や 木の はを まいて、ふえのように したものを 草ぶえと いいます。しょくぶつが よくそだつ 春から 夏に かけての、むかしの 子どもたちの あそびでした。

草ぶえの 作り方を せつめいしましょう。

はじめに、はの 先を 少し 切ります。

つぎに、その はを たてに くるくると まきます。

さい後に、丸めた はの はしの ほうを ゆびで つぶします。口に くわえて ふくと、音が 出ます。

① 「草ぶえ」とは、どんな ものですか。(10点)

・（　　　　）を まいて、ふえのように した もの。

② はじめに 何を しますか。(15点)

（　　　　）

③ つぎに 何を しますか。(10点)

・はを たてに（　　　　）。

④ さい後に、何を しますか。一つ10点(20点)

・丸めた はの（　　　）の ほうを（　　　）で つぶす。

クイズ 1の おにの おめんは、何の ときに かぶるのかな？
① ひなまつり ② せつ分 ③ クリスマス

答え ▶ 93ページ

29 せつめい文［きほん］

まとめを　とらえよう①

1 つぎの　文しょうを　読んで、もんだいに　答えましょう。一つ10点【20点】

たこあげは、せかいじゅうで　親しまれて　います。
日本では、たこの　ほか、いかのぼりや　はたなどとも　よばれて　います。

◎ 日本では、たこの　ことを　ほかに　何と　よんで　いますか。

（　　　　）・（　　　　）や（　　　　）など。

2 つぎの　文しょうを　読んで、もんだいに　答えましょう。一つ10点【30点】

[1]アメリカでは、たこを　カイトと　いいます。㋐これは、とんびの　ことです。
[2]ドイツでは、ドラヘンと　いいます。㋑これは、りゅうの　ことです。
[3]このように、たこは　いろいろな　名前で　よばれて　います。

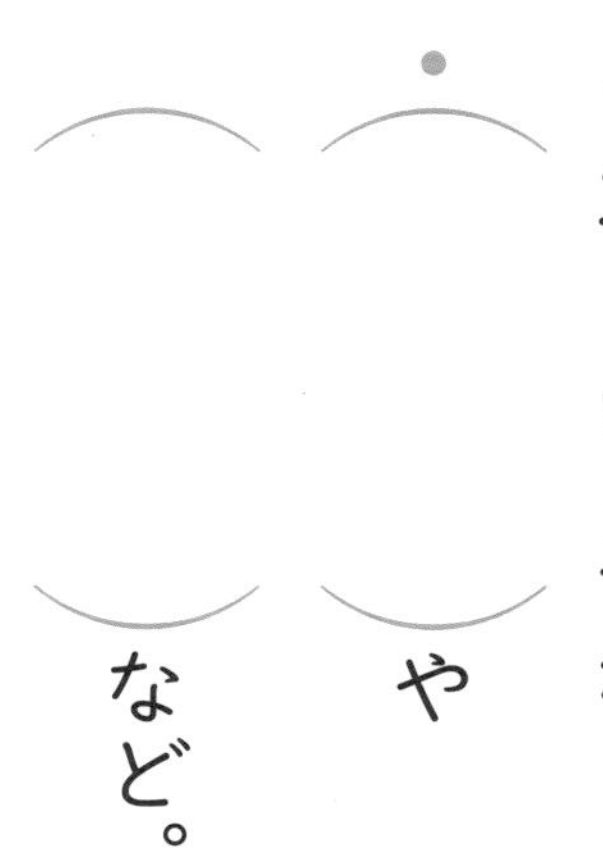

① ――線㋐・㋑は、それぞれ　何を　さしますか。

㋐（　　　　）

㋑（　　　　）

② まとめの　文の　番ごうを　書きましょう。

まとめる　ときの　ことばを　さがそう。

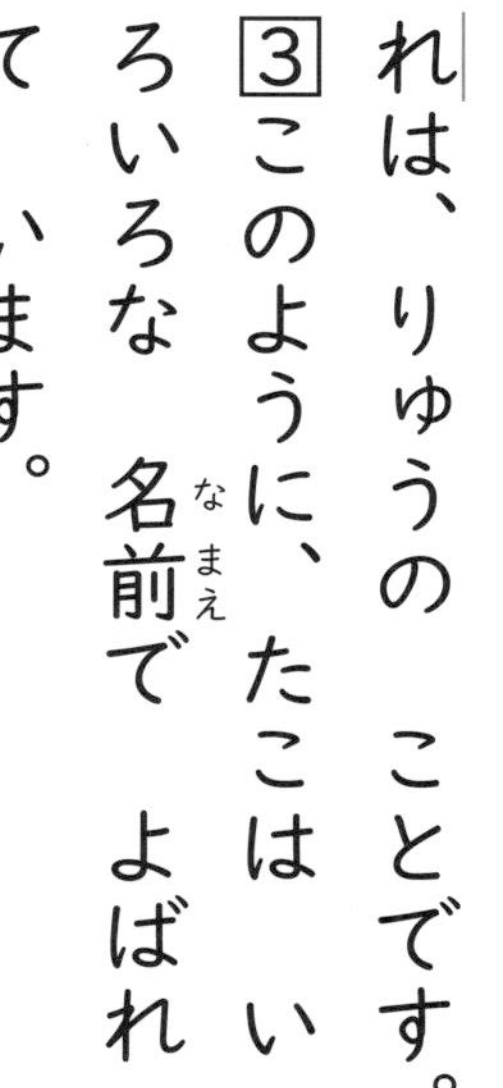

3 つぎの　文を　読んで、もんだいに　答えましょう。【15点】

もうせんごけは、日当たりの　よい、しめった　ところに　生えます。

◎ もうせんごけは、どこに　生えますか。

〔　　　〕

4 つぎの　文しょうを　読んで、もんだいに　答えましょう。【35点】

もうせんごけは、春から　夏に、まるい　はを　つけます。

その　はに　生えた　毛の　先から、ねばねばした　えきを　出して、虫を　とらえます。

そして、とらえた　虫を　体の　中で　とかして、ようぶんに　します。

このように、虫を　食べて　よう分に　する　しょくぶつを、食虫しょくぶつと　いいます。

① もうせんごけは、どのように　して　虫を　とらえますか。一つ10点（20点）

・はに　生えた（　　　）の　先から、ねばねばした（　　　）を　出して　とらえる。

② 虫を　食べて　よう分に　する　しょくぶつを、何と　いいますか。（15点）

（　　　）

クイズ

4 で、もうせんごけの　はは、どんな　形かな？

① 細長い　② まるい　③ 四角い

答え ▶ 94ページ

30 まとめを　とらえよう②

1 つぎの　文を　読んで、もんだいに　答えましょう。　一つ10点【20点】

日本では、あいさつの　とき、頭を　下げて、こしを　まげて　おじぎを　する　ことが　多いです。

◎「おじぎ」は、どのように　しますか。

・（　　　）を　下げて、

（　　　）を　まげる。

2 つぎの　文しょうを　読んで、もんだいに　答えましょう。　一つ10点【30点】

アメリカでは、手を　にぎり合って、あく手を　します。イタリアでは、だき合って、ほおずりを　します。インドでは、手を　むねの　前で　合わせて、※合しょうします。

このように、あいさつの　しかたには　いろいろな　ものが　あります。

※合しょう…りょう方の　手の　ひらを　合わせて　おがむ　こと。

① つぎの　あいさつに　合う　国を　書きましょう。

あいさつ	国
・手を　にぎり合う。	
・合しょうする。	

② 何に　ついて、書いて　いますか。

・いろいろな　国の（　　　）の　しかた。

3 つぎの 文しょうを 読んで、もんだいに 答えましょう。【15点】

せつ分の 夜には、まめまきを しますね。まめまきは、何の ために するのでしょう。

◎ 何に ついて、といかけて いますか。

・せつ分の 夜に（　　　　）を する わけ。

4 つぎの 文しょうを 読んで、もんだいに 答えましょう。【35点】

まず、しあわせを よぶ ために、へやの 中に まめを まき、それから、＊わざわいを おいはらう ために 外に むかって まめを まきます。まめは、えいよう分の 多い だいずです。まめまきが おわると、自分の 年の 数だけ、まめを 食べます。

このように、一年間の 家ぞくの ぶじと けんこうを ねがう ために、まめまきを するのです。

＊わざわい…わるい できごと。

① どこに まめを まきますか。（一つ10点／20点）

・（　　　　）の 中と（　　　　）。

② まめまきを する わけを、まとめて 書きましょう。（15点）

・（　　　　　　　　）を ねがう ため。

さい後の まとまりを 読みとって 答えよう。

答え ▶ 94ページ

クイズ

4で、まめまきの まめは、何かな？

① そらまめ ② だいず ③ グリーンピース

31

せつめい文［ひょうじゅん］

まとめを　とらえよう③

1 つぎの　文しょうを　読んで、もんだいに　答えましょう。 一つ15点【45点】

[1]たんぽぽの　たねは、風に　のって　遠くへ　はこばれます。よく　晴れた、風の　ある　日に、たねの　ついた　わた毛が　パラシュートのように　広がって、風に　のり、遠くまで　とんで　いきます。

[2]ほうせんかは、みの　中の　たねが　じゅくすと、みが　われて、たねを　遠くへ　はじきとばします。

[3]やしの　みには　空気が　ふくまれて　いるので、水に　うく　ことが　できます。海の　水に　ながされた　やしの　みは、遠くの　はまべに　ながれつきます。

[4]このように、たねは　遠くはなれた　場しょへ　うつる　ことが　できるのです。

① たんぽぽの　たねは、どのように　して　遠くへ　はこばれますか。

・（　　　　）に　のって。

② つぎの　せつめいに　合う　しょくぶつの　名前を　書きましょう。

・みが　水に　ながされて、遠くへ　はこばれる。（　　　　）

③ まとめが　書いて　ある　まとまりの　番ごうを　書きましょう。

[　　]

2 つぎの　文しょうを　読んで、もんだいに　答えましょう。【55点】

かみの　毛は、どんな　やくに　立って　いるのでしょう。

頭の　上から　ものが　おちて　きた　とき、もし　かみの　毛が　なかったら、頭に　ひどい　けがを　して　しまいます。かみの　毛は、何かが　頭に　当たった　ときに　いたみを　少なく　する、クッションの　やくめを　して　います。

また、かみの　毛は、太ようの　強い　光や、つめたい　風が　頭の　ひふに　ちょくせつ　当たるのを　ふせぐ、ぼうしのような　やくめも　して　います。

このように、かみの　毛は、わたしたちの　頭を　まもると　いう、大切な　はたらきを　して　いるのです。

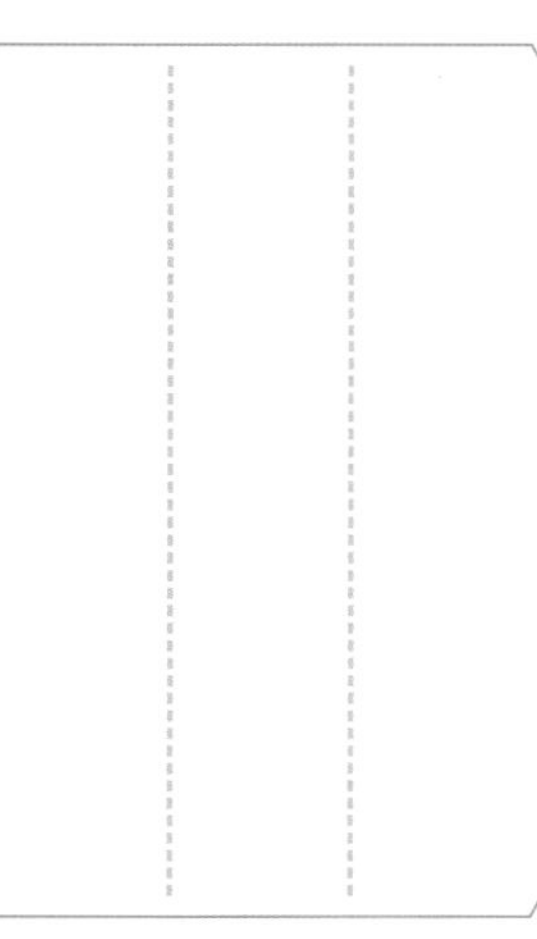

① といかけの　文を　書き出しましょう。(15点)

② かみの　毛の　やくめは、何の　やくめと　にて　いますか。じゅんに　二つ　書き出しましょう。一つ10点(20点)

書く力
③ かみの　毛は、どんな　はたらきを　して　いますか。(20点)

クイズ
1 で、風に　のって　遠くへ　はこばれるのは、何の　たねかな？
① ほうせんか　② すみれ　③ たんぽぽ

答え ▶ 94ページ

32 せつめい文［ひょうじゅん］
まとめを　とらえよう④

1 つぎの　文しょうを　読んで、もんだいに　答えましょう。【50点】

入道雲は、山のように　もり上がった　雲で、夏の　空に　よく　見られます。この　雲が　出た　あとは、大雨に　なる　ことが　あります。

雨雲は、空ぜん体を　おおう、くらい　雲です。雨に　なる　ことが　多いのですが、入道雲の　ときと　くらべて、雨つぶが　小さくて、しずかに　ふる　雨です。

うろこ雲は、小さな　雲が　魚の　うろこのように　ならんだ　白い　雲で、夏の　おわりから　秋に　かけて　よく　見られます。一日か　二日後に、雨に　なる　ことも　あります。

このように、雲の　色や　形と　天気は、ふかく　かんけいして　いるのです。

① 雲の　ようすに　ついて、ひょうに　まとめます。（　）に　合う　ことばを　書きましょう。一つ5点（30点）

	入道雲	雨　雲	うろこ雲
雲の　色や　形	・㋐（　　）のように　もり上がった　雲。	・空ぜん体を　おおう　㋒（　　）雲。	・小さな　雲が　魚の　うろこのように　ならんだ　㋔（　　）雲。
雲が　出た　あとの　ようす	・㋑（　　）に　なる　ことが　ある。	・㋓（　　）に　なる　ことが　多い。	・一日か　㋕（　　）に　雨に　なる　ことも　ある。

② 雲の　色や　形は、何と　ふかく　かんけいして　いるのですか。（20点）

（　　　　）

1 で、入道雲が よく 見られる きせつは、いつかな？

①春 ②夏 ③秋 ④冬

答え ▶ 94ページ

2 つぎの 文しょうを 読んで、もんだいに 答えましょう。【50点】

つりざおは、先の ぶ分が 細く やわらかく なって います。なぜでしょう。

はりに かかった 魚は、にげようと して、糸を 強く 引くので、ある ていど 太い 糸で ないと、切れて しまいます。ところが、あまり 太い 糸を つかうと 水中で 目立って しまい、魚が えさに 食いつきません。そこで、さおの 先を やわらかく して おき、魚が 強い 力で 引っぱっても、さおの 先が 大きく まがるように して、引っぱる 力を 弱め、細い つり糸でも 切れないように して あるのです。

このように、つりざおの 先は、□ ほうが つごうが よいのです。

① つりざおは、先の ぶ分が どう なって いますか。（15点）

・細く（　　　　）なって いる。

② さおの 先を やわらかく して おくと、魚が 引っぱる 力を 弱める ことが できるのは、なぜですか。（15点）

・強く 引っぱられると、さおの 先が（　　　　）から。

「さおの 先が」と ある ところに ちゅうい！

③ □に 当てはまる ことばの 記ごうを、○で かこみましょう。（20点）

ア かたい　イ 太い　ウ やわらかい

33 かくにんテスト④

名前　　もくひょう 15分　　月　　日　　とく点

1 つぎの　文しょうを　読(よ)んで、もんだいに　答(こた)えましょう。【55点】

　雨の　日は、多(おお)くの　虫は　雨(あま)やどりを　します。体(からだ)が　雨に　ぬれて、ひえないように　する　ためです。

　くろあげはは、木(こ)のはの　かげに　とまって、じっと　して　います。

　おにやんまや　べにしじみは、草の　は・の　かげに　かくれます。

　くろやまありは、す・の　入り口を　土で　ふさぎ、水が　入って　こないように　します。

　このように、虫たちは　いろいろな　やり方(かた)で　雨やどりを　して　いるのです。

① ――線(せん)のように　するのは、なぜですか。（15点）

（　　　　　　　　）

② つぎの　場(ば)しょで　雨やどりを　する　虫は、何(なん)ですか。一つ10点（30点）

㋐木のはのかげ	（　　　）
㋑草のは・のかげ	（　　　）（　　　）

③ くろやまありは、水が　す・に　入って　こないように、どう　しますか。（10点）

・す・の　入り口を

（　　　　　　　　）。

2 つぎの 文しょうを 読んで、もんだいに 答えましょう。 一つ15点【45点】

1 雲が 空を おおって、太ようが かくれると、昼なのに あたりが 少しくらく なり、空気が つめたく なって きます。

2 ありは、まわりの ようすが かわるのを、とても すばやく かんじる ことが できます。

3 また、ありは、雨が ふる 前の 空気の しめりぐあいも、かんじる ことが できます。

4 だから、ありは、雨が ふりそうに なると、ふる 前に すに 入る ことが できるのです。

(1) ありが かんじる ことが できる ことを、二つ 書きましょう。

- くらく なったり、空気が つめたく なったり するなど、まわりの （　　　　）が かわる こと。
- 雨が ふる 前の 〔　　　　〕

(2) （書く力） (1)を かんじる ことで、ありは、どう する ことが できますか。

〔　　　　〕

答え ▶ 95ページ

しきほん

34 ようすや 気もちを 読みとろう①

もくひょう 10分　月　日　とく点

1 つぎの しを 読んで、もんだいに 答えましょう。【15点】

ニンジン・＿＿＿＿

まど・みちお

おふろあがり

（『まど・みちお全詩集』〈理論社〉より）

◎ 「おふろあがり」は、ニンジンの 何の ようすですか。記ごうを ○で かこみましょう。

ア 色の ようす。

イ 形の ようす。

おふろあがりって、手や 足が どう なって いるかな。

2 つぎの しを 読んで、もんだいに 答えましょう。一つ15点【30点】

ゴボウ・＿＿＿＿

まど・みちお

㋐なまえの とおり
㋑ぼうで ございます

（『まど・みちお全詩集』〈理論社〉より）

① ㋐「なまえ」に 合う ほうの 記ごうを、○で かこみましょう。

ア ゴボウ

イ ぼう

② ㋑「ぼう」は、ゴボウの どんな ようすですか。記ごうを ○で かこみましょう。

ア 細長い ようす。

イ 黒っぽい ようす。

3 つぎの　しを　読(よ)んで、もんだいに　答(こた)えましょう。　一つ10点【20点】

ワニ・――――――

まど・みちお

かんがえている
かんたんに
うしろを　むく
ほうほうを

（『まど・みちお全詩集』〈理論社〉より）

◎　ワニが　かんがえて　いるのは、何(なん)ですか。

（　　　）に

（　　　）を

むく　ほうほう。

4 つぎの　しを　読んで、もんだいに　答えましょう。　【35点】

ミミズ・――――――

まど・みちお

シャツは　ちきゅうです
ようふくは　うちゅうです
―どちらも
一まいきりですが

（『まど・みちお全詩集』〈理論社〉より）

① つぎの　ものは、何だと　いって　いますか。　一つ10点（20点）

シャツ	ようふく

② ①は、どちらも、どんな　ものなのですか。（15点）

（　　　）の

たいせつな　もの。

クイズ

3で、うしろを　むく　ほうほうを　かんがえて　いるのは、だれかな？

① ミミズ　② ワニ　③ ゴボウ

答え ▶ 95ページ

し【ひょうじゅん】

35 ようすや 気もちを 読みとろう②

もくひょう 10分

月 日

とく点 点

1 つぎの しを 読んで、もんだいに 答えましょう。 一つ15点【45点】

うみと はなした

阪田 寛夫

うみに むかって
ちょぽん といったら
うみは ねむそうに
しゃぱしゃぱしゃぱ
といった

うみに むかって
しゃぱしゃぱしゃぱ
といったら
うみは いばって
ざぼー といった

ぼくが だまって
かえろうとしたら
うみは いそいで
ちょぽん といった

（阪田寛夫『詩を読もう！ ほんとこうた・へんてこうた』〈大日本図書〉より）

① 「しゃぱしゃぱしゃぱ」と こたえたのは、だれですか。

（　　　　）

② 「ぼく」が 「しゃぱしゃぱしゃぱ」と いったら、うみは 何と いいましたか。

（　　　　）

③ ――線から わかる うみの 気もちに 合う 記ごうを、○で かこみましょう。

ア 「ぼく」に 早く 帰って ほしいな。

イ 「ぼく」と もっと 話して いたいな。

2 つぎの 数え歌を 読んで、もんだいに 答えましょう。 〔55点〕

おてだまうた

㋐ ひとりで　＊さびし。
ふたりで　まいりましょう。
みわたす　かぎり
＊よめなに　たんぽぽ。
㋑ ＊いもとの　すきな
むらさき　すみれ。
㋒ なのはな　さいた。
やさしい　ちょうちょ。
㋓ ここのつ　こめや。
とおまで　まねく。

＊さびし…さびしい。
＊よめな…きくの なかま。野ぎく。
＊いもと…いもうと。

（「わらべうた」より）

① ――線㋐～㋓が あらわして いる 数と、――で つなぎましょう。 一つ5点〔15点〕

㋐・　・八
㋑・　・二
㋒・　・十
㋓・　・六

② 「よめな」の ほかに 出て くる 花を、じゅんに 三つ 書き出しましょう。 一つ10点〔30点〕

③ この しの きせつを、書きましょう。 〔10点〕

（　　　）

2の 「おてだまうた」の 中で、むらさきの 花は 何かな？

① たんぽぽ　② すみれ　③ なのはな

答え ▶ 95ページ

36 しひょうじゅん ようすや 気もちを 読みとろう③

1 つぎの しを 読んで、もんだいに 答えましょう。【50点】

トンボ

香山 美子

しずかに！
トンボが とまってる
そーっと はねを
　つかもうか
そーっと りょうてで
　はさもうか
そーっと ぼうしで
　ふせようか
そーっと そばへ
　いったのに
トンボは
みてた！ と
とんでった

（香山美子『おはなしゆびさん』〈国土社〉より）

① 何を つかまえよう と して いますか。（15点）

（　　　　　）

② 「そーっと」から わかる ようすに 合う 記ごうを、〇で かこみましょう。（15点）

ア じっと して、うごかない ようす。

イ こっそり うごく ようす。

③ 「みてた！」のは、だれですか。（20点）

（　　　　　）

「とんでった」のは、だれ？

2 つぎの　しを　読んで、もんだいに　答えましょう。【50点】

あくしゅ

武鹿　悦子

あくしゅは
てと　ての　でんわ
ことばが　つたわる
こころが　つながる

あくしゅは
てと　ての　でんわ
きれたあとまで
あたたかい

（『豊かなことば　現代日本の詩⑧　武鹿悦子詩集　たけのこ　ぐん！』〈岩崎書店〉より）

① 「あくしゅ」は、何だと　いって　いますか。一行で　書き出しましょう。（20点）

（　　　　　　）

② あくしゅを　すると、何が「つたわる」のですか。（15点）

（　　　　　　）

③ 「きれたあとまで　あたたかい」のは、何が「つながる」からですか。（15点）

（　　　　　　）が　つながるから。

しの　一つめの　まとまりから　わかるね。

1の「トンボ」の　しで　四回　くりかえされて　いる　ことばは　何かな？

① トンボ　② そーっと　③ はね

答え ▶ 95ページ

かくにんテスト⑤

名前

15分

月　日

とく点

1 つぎの しを 読んで、もんだいに 答えましょう。【50点】

おおきくなあれ

阪田寛夫

あめの　つぶつぶ
ブドウに　はいれ
ぷるん　ぷるん　ちゅるん
ぷるん　ぷるん　ちゅるん
おもくなあれ
あまくなあれ

あめの　つぶつぶ
リンゴに　はいれ
ぷるん　ぷるん　ちゅるん
ぷるん　ぷるん　ちゅるん
おもくなあれ
□

（阪田寛夫『新版　ぽんこつマーチ』〈大日本図書〉より）

① 「あめの　つぶつぶ」が　はいる　ようすを　あらわす　ことばを、書き出しましょう。（15点）

（　　　　）

② ブドウに　どうなって　ほしいのですか。それが　わかる　ことばを　二つ　書き出しましょう。一つ10点（20点）

（　　　　）

（　　　　）

③ □に　合う　ほうの　記ごうを、○で　かこみましょう。（15点）

ア　にがくなあれ

イ　あかくなあれ

2 つぎの　しを　読(よ)んで、もんだいに　答(こた)えましょう。【50点】

ゆめみるいなご

いなごわたる

ぼくはいつも　ゆめみる
　いなご
たびにでたいと　ゆめみる
　いなご
みつめろ　*ちへいせん
みあげろ　あおいそら
ぼくは　いつか　きっと
ひこうきに　なるぞ

ぼくはいつも　ゆめみる
　いなご
たびにでたいと　ゆめみる
　いなご
ふんばれ　6ぽんのあし
ひろげろ　4まいのはね
ぼくは　いつか　きっと
くもに　とびのるぞ

*ちへいせん…地(じ)めんと　空との　さかいの　線(せん)。

（工藤直子『のはらうたⅠ』〈童話屋〉より）

① 「ぼく」は、いつも　どんな　ことを　ゆめみて　いるのですか。（15点）

・［　　］に　でたい　と　いう　こと。

② 「ぼく」は、――線(せん)の　ように　して、どんな　ことを　したいのですか。（一つ10点〈20点〉）

・（　　）に（　　）こと。

③ この　しの　読(よ)み方(かた)に　合(あ)う　ほうの　記(き)ごうを、○で　かこみましょう。（15点）

ア　強(つよ)く、人に　めいれいするように。

イ　力強(ちからづよ)く、ねがいが　つたわるように。

答え ▶ 96ページ

38 まとめテスト①

名前　　もくひょう 15分　　月　日　　とく点　　点

1 つぎの　文しょうを　読んで、もんだいに　答えましょう。一つ15点【45点】

〔けい馬大会で　一とうに　なった　スーホは、とのさまに　白馬を　とられます。にげ出した　白馬は、家来たちに　おわれながらも　走りつづけます。〕

白馬は、ひどい　きずを　うけながら、走って、走って、走りつづけて、大すきな　スーホの　ところへ、帰って　きたのです。

（りゃく）

「白馬、ぼくの　白馬。しなないで　くれ！」

でも　白馬は、弱りはてて　いました。いきは、だんだん　細く　なり、目の　光も　きえて　いきました。

つぎの　日、白馬は　しんで　しまいました。

（大塚勇三再話「スーホの白い馬」〈福音館書店〉より）

① 白馬は、どんな　ようすで　帰って　きましたか。

（　　　　　　　　）を　うけて　いた。

② 白馬を　見て　いる　スーホは、どんな　気もちですか。合う　ほうの　記ごうを、○で　かこみましょう。

ア　少し　休めば、なおる　はずだ。

イ　なんとか　たすかって　ほしい。

③ 弱りはてた　白馬の　ようすは、どうでしたか。

（　　　　　　　　）

2 つぎの 文しょうを 読んで、もんだいに 答えましょう。 【55点】

〔かなしさと くやしさで いっぱいの スーホの ゆめに、白馬が あらわれます。そして、自分の ほねや かわなどを つかい、楽きを 作るようにと 言います。〕

楽きは、できあがりました。これが、*ばとうきんです。

*ばとうきん…いちばん上が馬の頭の形をしている楽き。「馬頭琴」と書く。

スーホは、どこへ 行く ときも、この ばとうきんを もって いきました。それを ひく たびに、スーホは、白馬を ころされた くやしさや、白馬に のって、草原を かけ回った 楽しさを 思い出しました。そして スーホは、すぐ わきに、白馬が いるような 気が しました。

〈大塚勇三再話「スーホの白い馬」〈福音館書店〉より〉

① できあがったのは、何と いう 楽きですか。 (10点)

② ①の 楽きを ひく たびに、スーホは 何を 思い出しましたか。 一つ15点(30点)

・白馬を ころされた（　　　）や、白馬と かけ回った（　　　）。

③ 楽きを ひいて いる とき、スーホは、どんな 気もちでしたか。 (15点)

答え ▶ 96ページ

39 まとめテスト②

1 つぎの 文しょうを 読(よ)んで、もんだいに 答(こた)えましょう。【50点】

〔町からの 帰(かえ)り、ひどい 雪(ゆき)に なった。おじいさんは、せなかに しょって きた 五つの かさの 一つを かぶろうと した。〕

目の 前(まえ)に 六人の おじぞうさんが、雪に まみれて 立って いるでは ありませんか。

「おう、おう、これは さむかろう。そうじゃ、ちょっと まってて くだされや。」

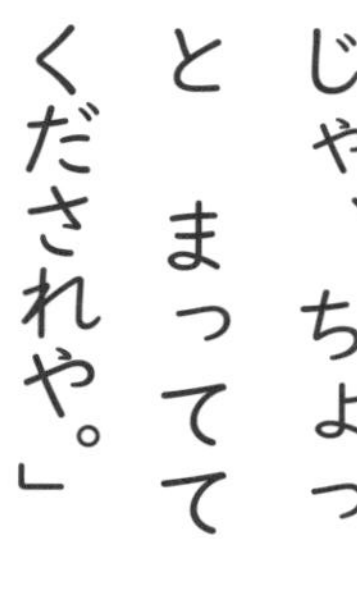

おじいさんは、おじぞうさんの 頭(あたま)や かたの 雪を はらっては、はしから じゅんに、すげがさを かぶせて いきました。けれど、すげがさは 五つしか なく、一つ 足りません。

（木暮正夫「かさじぞう」より）

① おじぞうさんたちは、どんな ようすで 立って いましたか。（20点）

（　　　　　）立って いた。

② おじぞうさんたちを 見た おじいさんの 気もちに 合(あ)う ものの 記(き)ごうを、○で かこみましょう。（15点）

ア りっぱだな。
イ かわいそうだな。
ウ ありがたいな。

③ おじいさんは、おじぞうさんたちに、はしから じゅんに 何(なに)を かぶせましたか。（15点）

（　　　　　）

2 つぎの 文しょうを 読んで、もんだいに 答えましょう。【50点】

おじいさんは ＊ほおかぶりして いた ＊手ぬぐいを とると、六番めの おじぞうさんに ほおかぶりさせ、

「いくらかでも、さむさが ＊しのげようわい。」

と、自分は 雪まみれで 帰って いきました。

「まあまあ、ひどい 雪の 中を ごくろうさんでしたねえ。おりものは 売れましたかね?」

「いやあ、じつは それが のう……。」

おじいさんが わけを 話すと、おばあさんは がっかりするどころか、

「それは、本当に よい ことを なさいましたねえ。」

と、顔を ＊ほころばせました。

＊ほおかぶり…頭から ぬのなどを かぶり、あごで むすぶ こと。
＊手ぬぐい…手や 体を ふく ぬの。
＊しのげる…がまんできる。
＊ほころばせる…わらい顔に なる。

（木暮正夫「かさじぞう」より）

① おじいさんが、六番めの おじぞうさんに あげたのは、何ですか。(15点)

② おじいさんは、どんな ようすで 帰って いきましたか。四字で 書きましょう。(15点)

③ おじいさんが、おじぞうさんたちに した ことを、おばあさんは どう 思って いますか。(20点)

・本当に（　　　　）を したと 思って いる。

答え ▶ 96ページ

40 まとめテスト③

名前

もくひょう 15分　　月　　日　　とく点　　点

1 つぎの 文しょうを 読んで、もんだいに 答えましょう。【50点】

みどり色の 小さい あまがえるの 足には、それぞれの ゆびの 先に、丸い ものが ついて います。これは、きゅうばんと いいます。

あまがえるは、この きゅうばんを ものに すいつかせたり 外したり できるので、草の くきや 木を、まっすぐ 上に のぼって いけます。また、木の はの うらに、きゅうばんで さかさに なって、休む ことも できます。

あまがえるは、草や 木の 上で、えさと なる 虫を つかまえて くらして いるので、きゅうばんは とても 大切な ものなのです。

① あまがえるの 足の ゆび先に ついて いる 丸い ものは、何ですか。（15点）

（　　　　）

② あまがえるは、きゅうばんで どんな ことが できますか。（一つ10点）（20点）

・（　　　　）を 上に のぼる こと。

・木の はの うらに、（　　　　）に なって 休む こと。

③ きゅうばんが 大切なのは、なぜですか。（15点）

・あまがえるは、（　　　　）で くらして いるから。

2 つぎの　文しょうを　読んで、もんだいに　答えましょう。

一つ10点【50点】

こん虫の　食べものは　それぞれ　ちがい、口は　それに　合わせた　形や　しくみに　なって　います。

かまきりの　口は、上くちびるが　するどく　とがって　いて、口の　中には　するどい　大あごが　ありま す。こん虫の　肉を　かみ切って　食べるのに　べんりです。

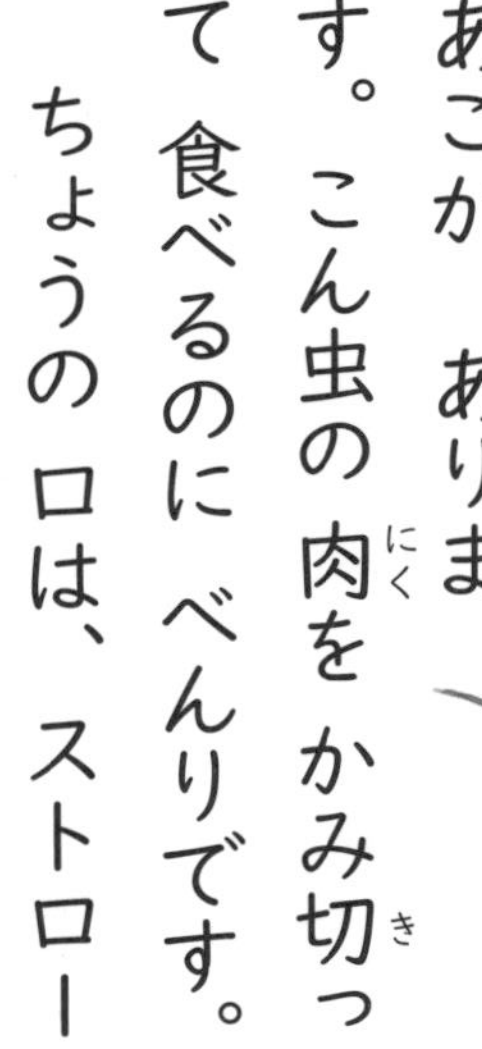

ちょうの　口は、ストローのような　形で、花の　おくの　みつを　すうのに　べんりです。

かぶとむしの　口には、ブラシのように　毛が　たくさん　生えて　いて、木の　しるを　なめるのに　べんりです。

◎ つぎの　こん虫の　㋐口の　形や　しくみと、㋑食べものの　食べ方を　書きましょう。

① かまきり

㋐（　　　　）が　するどく　とがって　いる。大あごが　ある。

㋑（　　　　）を　かみ切って　食べる。

② ちょう

㋐（　　　　）のような　形。

㋑（　　　　）を　すう。

③ かぶとむし

㋐ ブラシのように　毛が　たくさん　生えて　いる。

㋑ 木の　しるを（　　　　）。

答え ▶ 96ページ

41 まとめテスト④

名前　　もくひょう 15分　　月　日　　とく点　　点

1 つぎの　文しょうを　読(よ)んで、もんだいに　答(こた)えましょう。【55点】

　てっぽうえびは、あさい海(うみ)の　そこに　あなを　ほって　すんで　います。この　あなには、だてはぜと　いう　魚(さかな)が　いっしょに　すんで、みを　まもる　かくれがと　して　りようして　います。

　てっぽうえびは　目が　わるく、まわりの　ようすは　長(なが)い　しょっ角(かく)で　さぐって　います。あなの　外(そと)で　てきが　近(ちか)づいても、よく　見えません。そこで、目の　よい　だてはぜが　まわりを　けいかいして、てきが　来(く)ると、おびれを　ふって　教(おし)えて　やります。そして、だてはぜが　あなに　にげこむ　とき、てっぽうえびも　いっしょに　にげこむのです。

① てっぽうえびは、どこに　どのように　して　すんで　いますか。一つ10点(20点)

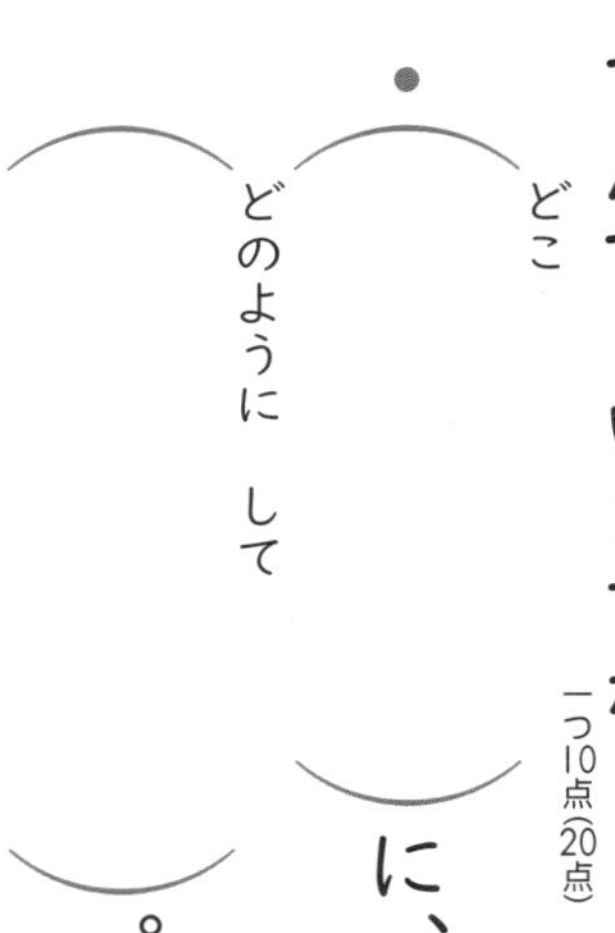

② だてはぜは、てっぽうえびの　あなを　何(なに)に　りようして　いますか。(15点)

③ てっぽうえびが　外に　いる　とき、てきが　来ると、だれが　どのように　して　教えて　くれるのですか。一つ10点(20点)

2 つぎの　文しょうを　読んで、もんだいに　答えましょう。 一つ15点【45点】

てっぽうえびは　あなから　出る　ときは、いつも　だてはぜと　いっしょに　出て、しょくじを　します。いつも　しょっ角を　だてはぜに　くっつけて　いるので、あん心して　外に　いる　ことが　できるのです。

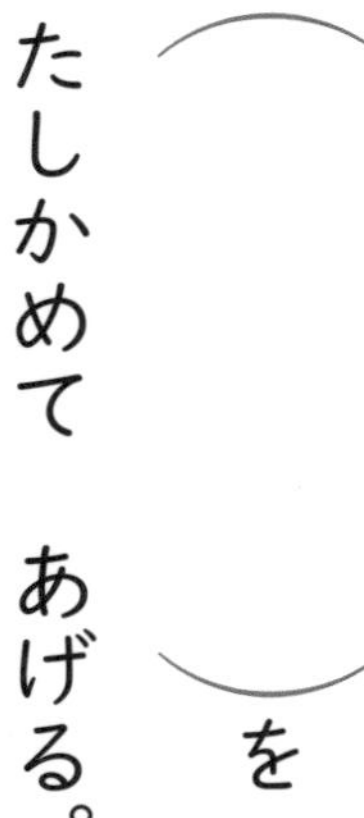

てっぽうえびは、だてはぜに　あなを　つかわせて　あげる　かわりに、あなから　出る　ときに、まわりの　あんぜんを　たしかめて　もらって　いるのです。

このように、てっぽうえびと　だてはぜは、いっしょに　同じ　あなに　すむ　ことで、ともに　たすけ合って　いる　かんけいなのです。

① てっぽうえびが　あなから　出る　とき、だてはぜと　いっしょに　出るのは、なぜですか。

- いつも　しょっ角を（　　　　）いるので、あん心して　外に　いられるから。

② てっぽうえびと　だてはぜは、あい手を　どう　たすけて　いますか。

- てっぽうえびは、あい手に　あなを（　　　　）あげる。
- だてはぜは、あい手が　外に　出る　とき、（　　　　）を　たしかめて　あげる。

答え ▶ 96ページ

答えとアドバイス

おうちの方へ

▼まちがえた問題は、何度も練習させましょう。
▼アドバイスも参考に、お子さまに指導してあげてください。

1 「だれが　どう　する」を読みとろう①　5～6ページ

1 きつねの　子。

2 ①りす　②くるみ（を　わった。）

3 かなづち（を　おとした。）

4 ①きつねの　子。
②（自分の）くるみ・分けて　あげた

クイズ ②

アドバイス

2 ②「何を」に当たる言葉は、「……を」に注意してとらえさせましょう。

4 ②りすが、「だれが（は）」に当たる言葉になっている文を探し、「何を」「どうする」をとらえさせましょう。

2 「だれが　どう　する」を読みとろう②　7～8ページ

1 たくやさん

2 ①（作った）紙ひこうきを　とばした。
②ひろとさん

3 ひろとさんの　紙ひこうき。

4 ①犬・おいかけた
②たくやさん

クイズ ①

アドバイス

1 「だれが」は、「だれは」の形をとることも多いということを教えましょう。

2 ①「二人」が、ひろとさんとたくやさんの二人だということを理解させましょう。

4 ①一つ目の文が、「ひろとさんは（だれは）、いそいで（どのように）犬を（何を）おいかけました（どうする）。」の形になっていることに気づかせましょう。

②三つ目の文からわかります。この文は、「たくやさんが　ひろとさんの　あとを　おいかけました。」とも言いかえられます。

3 「だれが　どう　する」を読みとろう③　9～10ページ

1 ①山の　てっぺん（から）。
②（「はっくしょん。」と、）くしゃみを　した。
③ウ

2 ①うめの　花・ふるえて　いた
②うめの　花。
③てんとう虫

クイズ ①

アドバイス

1 ③「だれか」を含む文の直後の「だれかな？　うめの　花です。」に目を向けさせましょう。「うめの　えだで」くしゃみをしていたのが、この「うめの　花」です。

2 ①一つ目を「花」とだけ答えている場合は、「何の花かな？」と問い直してあげましょう。

③びっくりした「うめの　花」に尋ねられた、てんとう虫が答えている言葉です。

4 「だれが　どう　する」を読みとろう④　11～12ページ

1 ①（ずっと）山の　あなの　中で、ねむっていた。
②あなの　外・はい出した　③春の　日。

2 ①親子・食べて　②ふきのとう（の　め。）
③元気に　なる。

クイズ ②

アドバイス

1 ①どこの穴の中かをはっきりさせる「山の」は、落とさないようにさせましょう。

2 一つ目の文の「……ので」は、「……から」と同じように、理由を表すときに使う言葉です。

②・③「ふきのとう」は、ふきの花の芽です。

③については、最後の段落からとらえさせましょう。

5 「いつ どこで」を読みとろう① 13～14ページ

1 冬の 日曜日の 朝。

2 ①夜（の うち。）
②にわ ③学校

3 ①公園の 前。 ②八時ごろ

4 ①ウ ②（お）昼

クイズ ①

アドバイス

1 「いつ」を表す言葉には、「季節」「日付・曜日」「時間帯・時刻」などがあります。

2 ③「～まで」は、目的地を示すときなどに使われます。

3 ①「～で」という、場所を示す言葉に注意させましょう。

4 ②時間の経過を読み取らせましょう。「もう お昼」だということに気づき、だれかが「そろそろ やめよう。」と言ったのです。

6 「いつ どこで」を読みとろう② 15～16ページ

1 ①今日
②ほうか後・校てい
③できない

2 ①体いくの 時間。
②てつぼうの 上。
③「やったあ！」

クイズ ②

アドバイス

1 ②「ゆう子は、○○で れんしゅうしています。」という直接的な文はないので、文章の流れをしっかりおさえさせましょう。
③最後の段落に注目させます。「はずかしい思いをしたくない」というゆう子の気持ちにも気づかせましょう。

2 ①「体いく」だけでは不十分です。「時間」までしっかり書かせましょう。
③鉄棒の上にいることに気がついたゆう子が思わず発した言葉です。「 」（かぎ）はつけていなくてもかまいません。

7 「いつ どこで」を読みとろう③ 17～18ページ

1 ①赤い やね・小さな
②春
③りすの 親子。

2 ①家（の 中。）
②ベランダ
③あなぐま

クイズ ②

アドバイス

1 ①「家」の様子を表す言葉をとらえさせます。「赤い」を忘れると「やねの 小さな 家」となり、意味が違ってしまいます。
②二つ目の段落の「今日は 春の 大そうじ。」に目を向けさせましょう。

2 ①一つ目の段落の二文目は、「だれは 何を どこへ どうした」という組み立てになっています。ここから、「どこへ」の部分を取り出させます。

8 かくにんテスト① 19～20ページ

1 ①山の 中。
②（村の）子どもたち
③ある 日・森の 中
④ア

2 ①ふもと
②おみやげ ③山
④とけて しまって いた。

アドバイス

1 ②文章中では「雪だるまを（何を） 作った（どうした） 村の 子どもたち（だれ）」となっています。問いの形と常に同じようになっているとは限らないので、一つ一つの言葉が何を表しているかに注意させましょう。
④「雪だるま」から「冬」を思いうかばせ、まだ来ていない次の季節を考えさせます。

2 ①「ふもと」は「山の下の方」だということを確認させましょう。
③動物たちが急いで「山」へかけのぼっていることに気づかせましょう。

9 何の　話かを 読みとろう① 21〜22ページ

1 ひよこ

2 ①たまご
②四週間

3 どんぐり・木

4 ①（大切な）食べもの
②さる・くま〈順不同〉

クイズ ③

アドバイス

1 初めの文が「ひよことは」で始まっていることに気づかせましょう。

2 ②羽が生えてくる「三週間」と区別して読み取らせましょう。

3 木の実だったどんぐりが、七、八年たつと大人の木に育つことを説明しています。

4 ②「大きな　どうぶつ」を答えることに注意させます。逆に「りす・野ねずみ（など）」を「小さな　どうぶつ」の例に挙げています。

10 何の　話かを 読みとろう② 23〜24ページ

1 ①冬みん
②食べもの・しぼう
③せつやく

2 ①はやく
②小さく・細く　③イ

クイズ ②

アドバイス

1 ①二つの段落のどちらも、くまが冬の間どのように過ごしているか、つまり「冬みん」の様子について説明しています。
③長い冬を何も食べずに過ごすので、しぼうのよう分を「せつやく」しなければならないのです。

2 ①一段落目で「どうして、……できるのでしょう。」と問いかけ、次の段落から「とても　はやく　走れる　わけ」を説明しています。
③「つめを出したまま走る→つめが地面につきささる→すべらずに地面を走っていける」という流れです。

11 何の　話かを 読みとろう③ 25〜26ページ

1 ①まゆ毛
②りょうがわ・目に　入る
③日がさ

2 ①やしの　み
②ケーキ・アイスクリーム〈順不同〉
③あぶら

クイズ ②

アドバイス

1 ①「やくめ（役目）」は、「仕事・役割」の意味だと教えてあげましょう。
③「三字」とあるので、「小さな」は省かなければならないことに気づかせましょう。

2 ①二段落の「やしの　みは、……わたしたちの　生活に　やくだって　います。」に注目させます。
②「食べもの」が問われているので、飲み物の「ミルク」は入りません。

12 だいじな　ことを 読みとろう① 27〜28ページ

1 たねや　は

2 ①くすり
②・しょうか　・体に　わるい

3 ねっとうに　入れて

4 ①ねつ・かたまる　②イ

クイズ ②

アドバイス

2 ①文章中の「用いて」は、「つかって（使って）」と同じ意味だと教えましょう。
②「食べた　ものを……」以降を、二つに分けて答えさせます。

4 ①文章中の「たんぱくしつ」の前の内容をよく読み取らせましょう。
②「だから」は、前に述べた事がらを理由や原因にして後につなぐつなぎ言葉です。**ア**「また」は、前後に並べたり、前のことにつけ加えたりするとき、**ウ**「しかし」は、前の内容と逆だったり、前の内容から予想できないことをつなぐときに使います。

13 だいじな ことを 読みとろう② 29〜30ページ

1 ①つぼ

②うつぼかずら

2 （むき合った 二まいの）は

3 ・まん丸

・（細長い）カプセル

4 小さい

クイズ ②

アドバイス

1 ①イラストでも確かめさせましょう。「うつぼかずら」は、東南アジアに自生している食虫植物です。

2 「はえとりそう」も、うつぼかずらと同じ食虫植物です。

4 「きょうりゅうの 大きさの わりには、たまごは それほど 大きく ありません。」から導きます。巨大な体の割には大きくはないということです。

14 だいじな ことを 読みとろう③ 31〜32ページ

1 ①秋分の日

②先ぞの おはか

③ぼたん・はぎ

2 ①花火大会

②玉・まるく

③川

クイズ ②

アドバイス

1 ①「春の ひがん」は、春分の日（三月二十一日ごろ）を中心にした七日間であることも教えましょう。

③文章の中ほどの「同じ ものなのに 名前が ちがうのは、どうしてでしょう。」という問いかけの後で説明しています。

2 ②この文章にも、「……なぜでしょう。」という問いかけの言い方があります。説明文にはよく出てくる言い方ですから、何について尋ね、どう説明しているか、正しく読み取らせましょう。

15 だいじな ことを 読みとろう④ 33〜34ページ

1 ①㋐黒っぽい 茶色。

㋑小さめの 馬ぐらい。

②しまうま ③3

2 ①みつ

②どちら・どんな

③イ

クイズ ①

アドバイス

1 ①イラストでも確かめさせてください。㋑は、「小さめの」も必ず入れさせましょう。

③3の段落で、オカピとキリンの共通点を挙げていることをとらえさせましょう。

2 ①「その まわり」の直前の「はき出して」を手がかりにさせましょう。

③帰ってきたみつばちが、②で答えたことを教えてくれたので、そこを目指して飛び立っていったのです。

16 かくにんテスト② 35〜36ページ

1 ①高い 木の えだ・ねて

②カ

③一週間に 一回ぐらい。

2 ①白と 黒の しまもよう。

②二（2）

③れい（みんなで かたまって いると、）一つの 大きな もようのように 見える。

アドバイス

1 ①一つ目は「高い」を落とさないように注意させます。身の安全を守るために高い所にいるのだということを教えましょう。

②三段落目の内容です。

2 ①「しまもよう」だけでも正解としますが、どんなしまもようなのかを表す「白と黒の」から答えさせたいところです。

②二段落目で「みを まもる」、三段落目で「なかまを 見分けて いる」を挙げていることをとらえさせましょう。

17 ようすを　読みとろう①　37～38ページ

1 にこにこ

2 ①いそいで
②白い　子犬。

3 ウ

4 ①キャンキャン
②うれしそう

クイズ　③

アドバイス

1 「にこにこ」は、声を出さずにうれしそうに笑う様子を表す言葉です。

2 ②子ども部屋にいたものは何かをとらえさせます。

3 「にっこり」も、**1**の「にこにこ」と同じように、声を出さずに笑う様子を表す言葉です。反対に、「げらげら」などは、大きな声で笑う様子を表す言葉です。

4 ②様子を表す言葉を見つけることで、その場面での人物の言動がよりくわしく読み取れることを教えましょう。

18 ようすを　読みとろう②　39～40ページ

1 リンリン

2 ①ウ　②きれいな

3 ねっしんに

4 ①秋の　野原　②まっか

クイズ　③

アドバイス

1 物音や動物の鳴き声（擬声語）は、かたかなで表します。

2 ①「ゆらゆら」は、ゆっくりゆれる様子を表す擬態語です。②様子を表す言葉として、形容詞や形容動詞がよく使われます。ここの「きれいな」は、言い切りの形は「きれいだ」で、形容動詞です。

3 「ねっしんに（熱心に）」は、一生懸命にしている様子を表す言葉です。

4 ②「まっか（真っ赤）」は、「赤い」を強めた言い方です。

19 ようすを　読みとろう③　41～42ページ

1 ①ひつじかい
②大人に　まけないくらい、よく　はたらく　ところ（から　わかる）。
③イ

2 ①ぐんぐん　くらく　なって　きた。
②スーホが　帰って
③生まれたばかり・小さな　白い　馬

クイズ　①

アドバイス

1 ①「ひつじかい（羊飼い）」は、ここでは、放し飼いにした羊の番をする人のことです。
③文章の最後の文から読み取らせましょう。

2 ①文末は、「……くらく　なって　くる。」と、そのまま書き出していても正解。「ぐんぐん」がなくても正解にしますが、なるべく入れて書かせましょう。
②日が沈んでも帰ってこないスーホの身を案じているのです。

20 ようすを　読みとろう④　43～44ページ

1 ①・けたたましい　馬の　鳴き声。
・ひつじの　さわぎ。〈順不同〉
②（大きな）おおかみ。
③おおかみの　前に　立ちふさがって、ひっしに　ふせいで　いた。

2 ①あせで　びっしょり　ぬれて　いた。
②ずいぶん　長い　間・たたかって
③兄弟に　言うように

クイズ　③

アドバイス

1 ①「けたたましい」は、強く大きな音がする様子を表す言葉です。けたたましかったので目をさましたのですから、この言葉はぜひ書かせたいところです。
③羊をおおかみから守ろうとしていたのです。

2 ③「兄弟に」という言葉から、スーホが白馬を身内のように感じていることがわかります。この点に気づかせましょう。

21 気もちを　読みとろう① 45〜46ページ

1 おどろきました

2 ①ぼうや　②心ぱい

3 大よろこび

4 ①ウ　②おれい

クイズ ②

アドバイス

1 「おどろく」は、お子さんたちがよく使っている「びっくりする」と同じ意味だということを教えましょう。

2 ②「心ぱい（心配）」と反対の意味の言葉が、「安心」だということも確かめさせましょう。

3 「大よろこび」の「大（おお）」は、「大いそがし・大あわて」のように、下の言葉の意味を強めるときにつけます。

4 ①ぞうさんの「よかったね。」という言葉にこめられている気持ちです。物語では、登場人物の言葉が気持ちを読み取る手がかりになることが多いものです。

22 気もちを　読みとろう② 47〜48ページ

1 「いやだなあ。」

2 ①およぎ　②わくわく

3 （とても）楽しかった

4 ①気に　入った。

②気もちよかった

クイズ ①

アドバイス

1 かぎ（「　」）がなくても正解です。何に対して「いやだなあ。」と思っているかは、2の文章の「およぎは　にが手」からわかります。

2 ②「わくわく」は、うれしさなどで心がはずんでいることを表す言葉です。

3 「とても」を入れていなくても正解にしますが、この言葉によって、「楽しかった」ことが強められています。

4 ②「おそるおそる」だった気持ちが、片足に心地よい水の冷たさを感じたことで、変化していることに気づかせましょう。

23 気もちを　読みとろう③ 49〜50ページ

1 ①はがき（手紙）を　よんで　いた。

②ずるい

③イ

2 ①手紙を　ください

②いっぱい　手紙を　かいた。

③ア

クイズ ①

アドバイス

1 ②五行目からの「ぼく」の言葉に注目させましょう。

③「ぼく」の言葉の「よその　うちの　手紙」とは、「ぼく」のうちの手紙ということです。しかしかえるは、ここが自分のうちだと思っていますから、「ぼく（＝かえる）の手紙」だと主張しています。

2 ③かえるの言葉から導きます。かえるは、「手紙を　ください。」とたくさんの手紙を書いたのだから、きっとたくさんの返事がくるだろうと期待しているのです。

24 気もちを　読みとろう④ 51〜52ページ

1 ①ぼうえんきょう

②手紙　③ア

2 ①（かえるは、）ぼくに　あてて、手紙を　かいて　いた（と　いう）こと。

②ぼくの　ゆうびん箱。

③イ

クイズ ②

アドバイス

1 ②・③「ぼく」の問いかけに対するかえるの言葉からとらえさせましょう。手紙の返事がこない以上、残念だとは思うものの、これ以上いても仕方がないと考えたのでしょう。

2 ①——線㋐の後の文からわかります。

③かえるの手紙が自分あてだったということに気づいた「ぼく」は、ずっと返事を待っていたかえるの気持ちに応えようとしていることに気づかせましょう。

25 かくにんテスト③ 53〜54ページ

1 ①大みそかの　市・売られて
②すげがさ売りの　男。
③㋐ア　㋑イ

2 ①（せっかくの）おりもの・五つの　すげがさ
②イ
③れい（雪で）一めん　まっ白に　なって　いる。

アドバイス

1 ①大みそかで、とてもにぎわっている様子が描かれています。
③㋐「なかなか」は「思うようには」、㋑「ぐんぐん」は「どんどん」の意味です。

2 ①「すげがさ」のほうは、数までしっかり書かせましょう。
②「しょんぼり」は、がっかりしたりして、元気がない様子を表す言葉です。

26 じゅんじょよく 読みとろう① 55〜56ページ

1 こくえんと　ねん土と　水。

2 ①木の　いた　②イ

3 （右から）3・1・2

4 ①（正方形の　中心の　近くに、）きり
②たこ糸・りょうはし

クイズ ①

アドバイス

2 ②説明文では、「はじめに・まず・つぎに・さい後に」などの順序を表す言葉がよく使われます。これによって説明の流れがはっきりしてくることに気づかせましょう。「はじめに」の後にすることですから、イ「つぎに」になります。

3 二つ目の文を、順序よく読み取らせるようにしましょう。

4 ①・②とも、イラストを参考にして考えさせましょう。
②二つ目の段落が「さい後に」で始まっていることに注目させ、内容を正しく読み取らせるようにします。

27 じゅんじょよく 読みとろう② 57〜58ページ

1 ①（右から）1・3・2
②のりしろ
③はじめに、画用紙に　空きかんの　円い　形を　うつします。
④はりつける

2 ①つぎに、ねん土を　空きかんの　内がわの　一かしょに　つけて、おもりに　します。
②ウ
③（右から）3・2・1

クイズ ①

アドバイス

1 ①二・三段落の内容です。「はじめに・つぎに」に注目して文の流れをとらえるようにさせましょう。
②「頭と　手足の　先に」の部分が入っているものも正解です。

2 ①㋐の絵が二段落、㋑の絵が三段落、㋒の絵が四段落の内容だということに気づかせましょう。

28 じゅんじょよく 読みとろう③ 59〜60ページ

1 ①おに　②おにの　顔
③ウ

2 ①草や　木の　は
②はの　先を　少し　切る。
③くるくると　まく
④はし・ゆび

クイズ ②

アドバイス

1 ①一段落の「おにの　おめんを　作りましょう。」に注目させます。「せつ分の　ときに　かぶる」を入れていても正解。
③「はじめに→つぎに→それから」の順序で展開してきたことに注意させます。最終段落が「これで……できあがりです。」になっていることも手がかりになるでしょう。

2 ②〜④「はじめに・つぎに・さい後に」で始まる段落に目を向けさせましょう。

29 まとめを とらえよう① 61～62ページ

1 いかのぼり・はた〈順不同〉

2 ①㋐カイト ㋑ドラヘン ②3

3 日当たりのよい、しめった ところ。

4 ①毛・えさ ②食虫しょくぶつ

クイズ ②

アドバイス

2 ①文章中で使われている指示語が指す内容は、ふつうは、その指示語よりも前に書いてあります。㋐・㋑の場合もそうです。

②「このように」は、それまで述べてきたことをまとめるときによく使われる言葉だということを教えましょう。

4 ①二段落目の内容です。

②「このように」から始まるまとめの段落からわかります。

30 まとめを とらえよう② 63～64ページ

1 頭・こし

2 ①(右) アメリカ (左) インド

②あいさつ

3 まめまき

4 ①へや・外

②一年間の 家ぞくの ぶじと けんこう

クイズ ②

アドバイス

2 ①一段落目の「アメリカでは、……」「イタリアでは、……」「インドでは、……」で始まる文に注目させましょう。

②二段落目の初めが、「このように」になっていることに注目させましょう。

3 二つ目の文の「何の ために」に注目させましょう。

4 ①三行目の「それから」に目を向けさせましょう。前のことにつけ加えるときに使うつなぎ言葉です。

②二段落目で、それまでの説明をまとめて、「まめまきを する わけ」を説明していることに気づかせましょう。

31 まとめを とらえよう③ 65～66ページ

1 ①風

②やし

③4

2 ①かみの 毛は、どんな やくに 立って いるのでしょう。

②クッション・ぼうし

③わたしたちの 頭を まもる(と いう、大切な)はたらき。

クイズ ③

アドバイス

1 ②2が「ほうせんかの たね」、3が「やしの み」について説明していることに気づかせましょう。「しょくぶつの 名前」を答えるのだということに注意させましょう。

2 ①説明文には、問いかけの文がよく出てきますから、「……でしょう。」「……か。」などの言い方を覚えさせましょう。

②二段落目で「クッション」、三段落目で「ぼうし」と似ていることを述べています。

32 まとめを とらえよう④ 67～68ページ

1 ①㋐山 ㋑大雨 ㋒くらい ㋓雨

㋔白い ㋕二日後

②天気

2 ①やわらかく ②大きく まがる ③ウ

クイズ ②

アドバイス

1 ①各段落の初めが「入道雲は」「雨雲は」「うろこ雲は」となっているので、段落ごとに内容を正しく読み取らせましょう。

②「このように」で始まるまとめの四段落に書いてあります。

2 ②二段落の内容です。「強く 引っぱられる」に対応するので、単に「まがる」ではなく、「大きく」を入れて答えさせましょう。

③一段落で問いかけた理由を二段落で説明し、三段落でまとめる、という構成の文章になっています。

33 かくにんテスト④　69〜70ページ

1 ①体が　雨に　ぬれて、ひえないように　する　ため。
②㋐くろあげは
㋑おにやんま・べにしじみ
〈㋑は順不同〉
③土で　ふさぐ

2 ①・ようす
・空気の　しめりぐあい。
②れい 雨が　ふる　前に、すに　入る　ことが　できる。

アドバイス

1 ①「なぜですか。」という問題に答えるときは、文末を「……から。」「……ため。」のようにしたほうがよいと教えましょう。
②・③二段落目が「くろあげは」、三段落目が「おにやんまや　べにしじみ」、四段落目が「くろやまあり」についての説明です。

2 ②2・3段落で説明したことを理由にして、4段落で説明しています。

34 ようすや　気もちを　読みとろう①　71〜72ページ

1 ア

2 ①ア　②ア

3 かんたん・うしろ

4 ①（右）ちきゅう　（左）うちゅう
②一まいきり

クイズ　②

アドバイス

1 「おふろあがり」のときの様子を思い浮かべさせましょう。赤味を帯びている体の色をニンジンのだいだい色に重ねています。

2 ②ゴボウの特徴は、細長いところです。

3 体の大きなワニは、向きを変えるのが大変です。そこに注目したユーモラスな詩です。

4 ②「どちらも」は、「シャツも　ようふくも」だということに気づかせましょう。小さな生き物である「ミミズ」から、地球・宇宙という広大なものに想像を広げています。

35 ようすや　気もちを　読みとろう②　73〜74ページ

1 ①うみ
②ざぼー（と　いった。）　③イ

2 ①㋐二　㋑六　㋒八　㋓十
②たんぽぽ・すみれ・なのはな
③はる（春）

クイズ　②

アドバイス

1 ①・②「ちょぽん(ぼく)→しゃぱしゃぱしゃぱ（うみ）」、「しゃぱしゃぱぱ(ぼく)→ざぼー(うみ)」の対応をつかませましょう。
③「ぼく」が帰ろうとするのを引き止めるように、「うみ」が「ちょぽん」と言っています。

2 ①「ひ（一）・ふ（二）・み（三）・よ（四）・い（五）・む（六）・な（七）・や（八）・ここのつ（九）・とお（十）」だということを教えましょう。
③②で答えた三つの花は、どれも春の代表的な草花です。なお四行目の「よめな」は、春には若葉として食用にしますが、秋に花を咲かせます。

36 ようすや　気もちを　読みとろう③　75〜76ページ

1 ①トンボ　②イ　③トンボ

2 ①てと　ての　でんわ
②ことば　③こころ

クイズ　②

アドバイス

1 ③「そーっと」そばへいった作者に気づいて飛んでいったトンボの様子を、まるで「みてた！」と言っているようだと表しています。

2 ①・②手と手を握り合う握手は、電話線をとおして言葉が伝わり、それによって互いの心が通い合う電話と同じように感じられる、という作者の気持ちが表れた表現です。
③握手をし終わった後も、握手をしたことでつながった心のつながりで、温かい気持ちが残るというのです。

37 かくにんテスト⑤ 77〜78ページ

1 ①ぷるん　ぷるん　ちゅるん
②おもくなれ・あまくなれ〈順不同〉
③イ

2 ①たび　②くも・とびのる　③イ

アドバイス

1 ①「ぷるん　ぷるん　ちゅるん」を二回書いていてもかまいません。
②「……なれ」に注目させましょう。雨粒をたくさん吸い込んで、重くて甘い実をつけてほしいという願いが表れています。

2 ③第二連の最後の「ぼくは　いつか　きっと／くもに　とびのるぞ」に込められた、いなごの強い願いを感じ取らせましょう。

38 まとめテスト① 79〜80ページ

1 ①ひどい　きず　②イ
③いきは、だんだん　細く　なり、目の　光も　きえて　いった。

2 ①ばとうきん　②くやしさ・楽しさ
③自分の　すぐ　わきに、白馬が　いるような　気もち。

アドバイス

1 ②「白馬、ぼくの……」というスーホの言葉から考えさせましょう。
③息もたえだえの白馬の様子です。

2 ②二段落の六行目「それ」が馬頭琴を指していることに気づかせましょう。
③文章の最後の部分の内容です。スーホの白馬に対する強い思いを感じ取らせましょう。

39 まとめテスト② 81〜82ページ

1 ①雪に　まみれて　②イ
③すげがさ

2 ①手ぬぐい　②雪まみれ
③よい　こと

アドバイス

1 ①「雪に　まみれて」は、「雪だらけになって」の意味だということを確認させましょう。
②「おう、おう、これは　さむかろう。」というおじいさんの言葉から導きます。

2 ①くわしくいえば、「ほおかぶりして　いた　手ぬぐい」です。
②ほおかぶりのための手ぬぐいをおじぞうさんにあげたために、自分が雪まみれになったのだということに気づかせましょう。

40 まとめテスト③ 83〜84ページ

1 ①きゅうばん
②・草の　くきや　木　・さかさ
③草や　木の　上

2 ①ア上くちびる　イこん虫の　肉
②アストロー　イ（花の　おくの）みつ
③イなめる

アドバイス

1 ②二段落の内容です。「また」というつなぎ言葉をはさんで、きゅうばんがあることでできることが二つ書いてあります。
③「きゅうばん」は、草や木の上を生活の場所にしているあまがえるには欠かせません。

2 二〜四段落のそれぞれで、①〜③の昆虫について説明しています。

41 まとめテスト④ 85〜86ページ

1 ①あさい　海の　そこ・あなを　ほって（すんで　いる）
②（みを　まもる）かくれが
③だてはぜ・おびれを　ふって（教えて　くれる）

2 ①だてはぜに　くっつけて
②・つかわせて　・まわりの　あんぜん

アドバイス

1 ①「どこ」は、「海の　そこ」だけでは不十分です。「あさい」までしっかり書かせるようにしましょう。

2 ②二つ目は、文章中に「あい手が　外に出る　とき」という記述はありません。二段落の三・四行目「あなから　出る　ときに、……」から導かせましょう。